W0350041

Heilsames Basenfasten

Bildnachweis:

GUSTO/Ulrike Köb: Coverbild, Rezeptbilder ab Seite 37 und auf der Umschlagrückseite
Monika Klinger (www.monikaklinger.at): Seite 9, Umschlagrückseite (Autorenporträt)
dreamstime.com: Seite 13, 19, 30
iStockphoto.com: Seite 25, 26, 32, 44, 66, 86, 110

Impressum

ISBN: 978-3-7088-0545-0

Copyright: Kneipp-Verlag GmbH und Co KG
Lobkowitzplatz 1, A-1010 Wien
www.kneippverlag.com
Autorin: Elisabeth Fischer
Lektorat: Mag. Eva Manhardt
Korrektorat: Mag. Franz Ebner
Cover und Art Direction/DTP: Werner Weißhappl, plan_w
Druck: Theiss GmbH, A-9431 St. Stefan
1. Auflage, Januar 2012

Elisabeth Fischer

Heilsames Basenfasten

Genießen, entschlacken und schlank werden

Mit 120 Rezepten

kneipp verlag
WIEN

Inhalt

Einleitung

Frühstück und Drinks

Salate

Gemüse

Basenfasten mit nachhaltigem Erfolg

Gut essen, satt werden und dabei den Körper entschlacken; den Säure-Basen-Haushalt harmonisch ausgleichen, abnehmen und sich wohlfühlen – so funktioniert und wirkt das Basenfasten.

Wobei der Begriff Fasten irreführend ist, steht er doch üblicherweise für den völligen Verzicht auf feste Nahrung. Basenfasten hingegen bedeutet, dass Sie basenbildende Lebensmittel nach Herzenslust und in großen Portionen genießen können, jedoch die säurebildenden Lebensmittel weitestgehend von Ihrem Speiseplan streichen. Sie werden überrascht sein, wie köstlich und üppig Sie nach dieser bewährten Methode essen können – und die einfach zubereiteten Rezepte in diesem Buch werden Sie dabei unterstützen. Der Erfolg des Basenfastens, der sich nicht zuletzt auf der Waage zeigt, wird Ihnen auch Appetit machen, Ihre Essgewohnheiten dauerhaft zum Gesünderen zu verändern.

Es reicht!

Kennen Sie diesen Zustand? Sie fühlen sich in Ihrem Körper nicht mehr zu Hause, haben ein unangenehmes Völlegefühl, obwohl sie gar nichts gegessen haben. Sie wollen abnehmen, quälen sich mit einer Diät, verlieren ein paar Kilos – aber leider nur vorübergehend. Sie werfen leicht die Nerven weg, fangen jeden Schnupfen ein, können sich schlecht konzentrieren, ermüden schnell, haben häufig Kopfweh und können sich kaum noch daran erinnern, wann Sie sich das letzte Mal rundum wohlgefühlt haben in Ihrer Haut. Ursache für dieses diffuse körperliche Unbehagen ist häufig eine latente Übersäuerung.

Einseitige Ernährung macht sauer

Unser ganz „normales“ Essen mit zu viel Fleisch, Wurst, fetten Milchprodukten, Kuchen, Torten, Süßigkeiten, Fastfood, Fertigprodukten, Cola- und Limogetränken bewirkt einen Säureüberschuss im Organismus. Langfristig kann dieses Ungleichgewicht die Abwehrkräfte schwächen und bleibende gesundheitliche Schäden wie Osteoporose, chronische Schmerzen in Bandscheiben und Gelenken hervorrufen. Aber auch die Attraktivität leidet, empfindliche, dünne Haut, verstärkte Faltenbildung, Bindegewebsschwäche und damit einhergehend Cellulite sind die Folgen einer anhaltenden säurelastigen Ernährung.

Basenfasten entlastet und vitalisiert

Gemüse, Früchte, Kartoffeln und frische Kräuter sind „die wunderbaren VIER“. Sie kommen beim Basenfasten gegen die Übersäuerung zum Einsatz. Denn wenn diese Naturprodukte durch den Stoffwechsel zu körpergerechten Bausteinen und Energielieferanten zerlegt werden, entsteht ein gewaltiger Überschuss an Basen. Diese binden freie Säuren. Der empfindliche Säure-Basen-Haushalt kann ins Gleichgewicht kommen und der Organismus auf Hochtouren laufen.

Bildlich ausgedrückt lässt sich das Basenfasten auch als Frühjahrsputz im Organismus beschreiben. Es belebt mit neuer Energie, bringt aber auch frischen Wind in unser Seelenleben. Diese Erfahrung mache ich immer wieder und sie wird von zahlreichen Teilnehmerinnen und Teilnehmern von Basenfasten-Wochen bestätigt (S. 18).

Dauerhaft im Säure-Basen-Gleichgewicht bleiben

Damit das Wohlbefinden von Dauer ist, Sie chronischen Erkrankungen vorbeugen und schlank bleiben, sollten Sie nach dem Abschluss des Basenfastens nicht wieder in die alten Essgewohnheiten zurückfallen. Gewinnen die säurebildenden Zutaten nämlich wieder die Oberhand auf dem Speiseplan, geraten Sie geradewegs in die Übersäuerungsfalle. Mit der Zeit stellen sich dann aufs Neue die bekannten Folgen ein: Sie fühlen sich in Ihrem Körper nicht mehr wohl, haben ein unangenehmes Völlegefühl usw.

Das bedeutet jedoch nicht, dass Sie auf die Dauer keine säurebildenden Lebensmittel wie Milchprodukte, Fisch, Fleisch, Hülsenfrüchte oder Getreideprodukte essen sollten. Denn zu einer ausgewogenen, gesunden Ernährung tragen sowohl die basen- als auch die säurebildenden Lebensmittel bei. Allerdings nur in den richtigen Mengenverhältnissen, damit die Säuren und Basen im Gleichgewicht bleiben.

Der Säure-Basen-Haushalt – ein geniales System

Auch wenn wir ruhig sitzen, tief schlafen oder entspannt meditieren – unser Organismus ist ständig in Bewegung. Zellen werden auf- und abgebaut. Nahrung wird in körpergerechte Bausteine zerlegt und lebenserhaltender Sauerstoff aufgenommen, Abfallprodukte werden ausgeschieden, Krankheitserreger unschädlich gemacht, und das alles gleichzeitig.

Voraussetzung dafür, dass diese billionenfachen Stoffwechselvorgänge reibungslos funktionieren können, ist ein konstantes Verhältnis von Säuren und Basen im Blut. Gemessen wird es mit dem pH-Wert. Für unseren Lebenssaft, das Blut, liegt der pH-Wert im basischen Bereich und schwankt nur minimal zwischen pH 7,36 und pH 7,44. Die perfekt abgestimmten Regulationssysteme von Leber, Nieren und Lunge sorgen dafür, dass der pH-Wert des Blutes normalerweise in diesen engen Grenzen bleibt. Unterstützt werden Sie durch die Puffermechanismen von Blut und Bindegewebe. Weil die Natur so gut vorgesorgt hat, treten darum Azidosen oder Alkalosen, gefährliche Entgleisungen des pH-Werts in den sauren oder basischen Bereich, nur bei sehr schweren Erkrankungen auf.

Der Lebensstil gefährdet das Gleichgewicht

Es gibt allerdings einen Haken, der das perfekte System Säure-Basen-Haushalt gewaltig unter Druck bringt – unser moderner Lebensstil. Wer täglich zu viel tierisches Eiweiß konsumiert und zu wenig vitaminreiches Obst und Gemüse isst, produziert in seinem Organismus einen beträchtlichen Säureüberschuss. Wer sich zu wenig bewegt, verstärkt ihn noch.

Aber damit nicht genug. Bilden sich, bedingt durch die einseitige Ernährung und die Unlust am Sport, die Fettpölsterchen auf den Hüften und unterwirft man sich einer einseitigen Diät, entsteht eine wahre Säureflut. Besonders eiweißreiche Diäten sind eine Katastrophe für den Säure-Basen-Haushalt. Zum einen hat er mit den Säuren aus den tierischen Zutaten dieser Diäten zu kämpfen, zum anderen attackieren ihn Ketonsäuren. Das sind Abfallprodukte, die beim Abbau von Körperfett entstehen. Wer dann noch, um Kalorien zu sparen, Limo- und Colagetränke „light" konsumiert, steigert mit der darin enthaltenen Phosphorsäure den Säureangriff.

Die Rettung schwächt die Knochen

Auf die Dauer können die Regulationssysteme und Puffermechanismen diesen Säureansturm nicht mehr ausgleichen. Unser Organismus darf jedoch – koste was es wolle – den pH-Wert des Blutes nicht in den sauren Bereich abrutschen lassen. Das würde unser Leben gefährden. Also zieht der Körper die Notbremse: Um die Säuren abzupuffern, holt er sich Mineralstoffe aus den Knochen, vor allem Kalzium, Kalium und Magnesium.

Das gelingt auch einwandfrei, aber die Rettung hat einen hohen Preis. Langsam, aber stetig und von uns völlig unbemerkt, werden die Knochen ausgelaugt. Die langfristige Folge: Osteoporose. Längst leiden an diesem Knochenschwund nicht nur Frauen, sondern auch immer mehr Männer.

Belastete Nieren und schmerzende Gelenke

Die medizinische Bezeichnung für einen Zustand, in dem der Organismus alle Register ziehen muss, damit der pH-Wert des Blutes nicht in den sauren Bereich abgleitet, lautet „latente Übersäuerung". Wird sie (was häufig vorkommt) zum „Normalzustand" und hält über einen längeren Zeitraum an, werden nicht nur die Knochen brüchig, sondern auch die Nieren belastet. Folgen davon können Nierensteine und Nierenkoliken sein. Weitere Auswirkungen sind Knorpelabnutzungen und damit einhergehend Schmerzen in den Gelenken.

Stau im Bindegewebe

Auch das Bindegewebe wird durch die latente Übersäuerung in Mitleidenschaft gezogen. Oberflächlich macht sich das als Cellulite bemerkbar. Die gravierenden Folgen spielen sich jedoch unsichtbar unter der Haut ab.

Das Bindegewebe bildet das Gerüst, das die Zellen der einzelnen Organe zusammenhält. Alle Nähr- und Baustoffe müssen von den Blutgefäßen durch das Bindegewebe zu den Zellen wandern. In der anderen Richtung bewegen sich Hormone und Enzyme, die in den Zellen produziert werden, zu den Gefäßen, damit sie vom Blut zu ihrem Einsatzort gebracht werden können. Im Zellstoffwechsel entstehen auch Abfallprodukte. Sie gelangen auf dem gleichen Weg ins Blut und werden entsorgt.

Dank seines speziellen Aufbaus wirkt das Bindegewebe auch als Puffer für überschüssige Säuren und spielt damit eine wichtige Rolle im Säure-Basen-Haushalt.

Anhaltende latente Übersäuerung schränkt jedoch die Funktionsfähigkeit des Bindegewebes ein. Das Bindegewebe ist weniger elastisch und weniger durchlässig. Die Versorgung der Zellen mit Nähr- und Baustoffen wird beeinträchtigt und damit die Bildung gesunder Zellwände gefährdet. Lebenswichtige Hormone, Enzyme und die Abfallprodukte aus den Zellen erreichen nur schwer die Blutgefäße. Überspitzt ausgedrückt hat sich ein Verkehrstau im Bindegewebe gebildet, der viele chronische Krankheiten auslösen kann. Und als ob dies nicht genug wäre, verliert das Bindegewebe auch seine Fähigkeit, Säuren abzupuffern.

Basenfasten stoppt die Übersäuerung

Das Basenfasten entlastet den Organismus, der mit einer latenten Übersäuerung zu kämpfen hat. Es ist eine Sofortmaßnahme zum Schutz von Gesundheit und Wohlbefinden. Das Erfreuliche daran: Diese Rettungsaktion ist erstaunlich einfach, wirkt spürbar, macht schlank und ist dabei der reine Genuss – im wahrsten Sinn des Wortes.

Harmonie für Körper und Gaumen

Gemüse, Früchte, Kartoffeln und Kräuter tragen wesentlich zur Regulierung des Säure-Basen-Haushalts bei. „Die wunderbaren VIER" haben einen sehr hohen Gehalt an organisch gebundenen Mineralstoffen, an Kalzium, Magnesium, Kalium, Kupfer, Eisen und Natrium. Diese bewirken, dass überschüssige Säuren abgebaut und entsorgt werden, und der Körper kann sie gut aufnehmen.

Gemüse, Früchte, Kartoffeln und Kräuter sind dazu die Top-Lieferanten für Vitamine; auch diese werden gegen die Übersäuerung aktiv, sind doch die lebensnotwendigen Bio-Stoffe am Aufbau von Enzymen beteiligt, die verbrauchte Basen wieder funktionsfähig machen, damit diese dann überschüssige Säuren wieder binden können.

Zum Schluss: „Die wunderbaren VIER" bilden die Zutaten für köstliche Speisen, die beim Basenfasten vom Frühstück bis zum Abendessen aufgetischt werden. So kommen nicht nur Säuren und Basen in die Balance, sondern auch Genuss und Gesundheit in Harmonie.

In einer Woche 2 bis 4 kg abnehmen und die Abwehrkräfte stärken

Die basenbildenden Nahrungsmittel schaffen uns nicht nur die Säuren, sondern auch die Kilos vom Leib.

Gemüse, Früchte, Kartoffeln und Kräuter sind mineralstoff- und vitaminreich, dazu kalorienarm. Als hohe Nährstoffdichte bezeichnen Wissenschaftler diesen erfreulichen Zustand, der beim Basenfasten die großen Portionen ermöglicht – vorausgesetzt, dass mit wenig Fett gekocht wird. Quälende Heißhungerattacken werden so verhindert und nach einer Woche haben Sie, ohne zu hungern, zwei bis vier Kilos abgenommen.

Neben vielen Vitaminen und Mineralstoffen enthalten „die wunderbaren VIER" auch große Mengen an bioaktiven Pflanzenstoffen. Dieser Cocktail steigert die Abwehrkräfte und schützt vor gefährlichen freien Radikalen. Er ist Balsam für die Nerven, fördert die Blutbildung, trägt dazu bei, dass Cholesterinspiegel und Blutdruck sinken. Sogar das Abnehmen wird beschleunigt, denn diese Vitalstoffe regen auch den Fettabbau an.

Synergieeffekt für die Gesundheit

„Die Lebensgeister sind geweckt, ich könnte Bäume ausreißen, meine Verdauung funktioniert, endlich keine Schmerzen mehr in den Gelenken, niedrigerer Blutdruck, mein Nacken ist entspannt, ich kann wieder schlafen, keine Migräne mehr." So werden die unmittelbaren Auswirkungen des Basenfastens beschrieben.

Noch größer ist der Gewinn für die Gesundheit allerdings, wenn nach dem Basenfasten ein ausgeglichener Säure-Basen-Haushalt zum Normalzustand wird. Das gelingt, wenn einige Grundregeln in den Alltag eingebaut werden (S. 16). Der Körper profitiert dann langfristig von der günstigen Nährstoffzusammensetzung einer basenbetonten Ernährung.

Die Auswirkungen auf Wohlbefinden und Gesundheit: Sie werden und bleiben schlank und fühlen sich fit. Die Selbstheilungskräfte werden gestärkt. Das Risiko für Osteoporose, Krebserkrankungen, Erkrankungen des Verdauungssystems, Herzkreislauferkrankungen, Diabetes, Rheuma und Gelenkserkrankungen sinkt.

Plus für die Schönheit

Basenfasten ist wie eine innere Reinigung – davon profitiert auch die Haut. Sie wird besser mit Nährstoffen versorgt, kann neue Zellen bilden, mehr Flüssigkeit einlagern und ist widerstandsfähiger gegen schädigende Umwelteinflüsse. Sichtbare Folgen: ein frischer Teint und eine gestraffte Haut.

Ein- bis zweimal im Jahr basenfasten

Gönnen Sie sich ein- bis zweimal im Jahr eine Woche Basenfasten. Wenn Sie erschöpft und gestresst sind, werden Sie danach entspannt und voll neuer Energie sein. Wenn es Ihnen gutgeht, werden Sie sich danach noch besser fühlen.

Basenfasten – der Speiseplan

Frühstück
Warmes Dinkelfrühstück mit Trockenfrüchten und Nüssen, dazu 2 Stück Obst (S. 33 oder ein anderes Frühstücksrezept ab S. 34)

Mittagessen
Ein Gemüse-Kartoffel-Gericht oder ein Gemüsegericht (S. 88 bis S. 109) mit einer großen Kartoffel (gedämpft, aus dem Ofen/aus der Folie). Dazu gibt es immer eine große Portion gemischten Salat (Blatt, Gemüse, Kräuter) mit einem fettarmen Dressing, z.B. grasgrünes Dressing (S. 60), Kräuterdressing (S. 48) oder Zucchinidressing (S. 47).

Alternativ
Salat als Hauptgericht (S. 46 bis S. 64) mit einer großen Kartoffel und dazu 1 Stück Obst

Abendessen nicht später als 18 Uhr
1 bis 2 Teller Suppe, bestreut mit reichlich frischen, gehackten Kräutern (S. 68 bis S. 84)

3 x am Tag essen
Erfahrungsgemäß nehmen Sie leichter ab, wenn Sie nur 3-mal am Tag eine Mahlzeit zu sich nehmen. Das funktioniert auch gut, denn die Portionen zum Frühstück und zum Mittagessen sind groß. Die Suppe am Abend ist ideal, sie wärmt und füllt den Magen. Wenn Sie aber wider Erwarten hungrig werden, dann essen Sie zwischendurch klein geschnittenes rohes Gemüse, z.B. Kohlrabi, Fenchel, Gurke. Nach dem Abendessen sollten Sie jedoch außer Tee und Wasser nichts mehr zu sich nehmen.

Viel trinken
Täglich 2 bis 3 Liter Kräutertees und/oder Wasser trinken (ohne Kohlensäure)

Wie lange?
Meist dauert das Basenfasten eine Woche. Da Sie jedoch mit Nährstoffen gut versorgt sind und satt werden, können Sie das Programm auch zwei Wochen lang durchführen.

Basenfasten – die Zutaten

Cholesterinfrei und vegan genießen!

Basenbildend sind alle Gemüsesorten, Salate und Kräuter

Besonders stark basenbildend sind: Kartoffeln, Auberginen (Melanzani), Blumenkohl (Karfiol), Fenchel, Grünkohl, Karotten, Radieschen, Rosenkohl (Kohlsprossen), Sellerie, Feldsalat (Vogerlsalat), Rucola, Petersilie, Basilikum, Schnittlauch.

Basenbildend sind alle Früchte und Beeren

Besonders stark basenbildend sind: Aprikosen (Marillen), Bananen, Grapefruits, Kiwis, Kirschen, Mangos, Orangen, schwarze Johannisbeeren und Trauben sowie getrocknete Aprikosen (Marillen), Feigen, Rosinen und Trockenfrüchte ganz allgemein.

Schwach basenbildend sind Sojamilch, Sojajoghurt, Tofu und Haselnüsse
Neutral ist Öl.

Dazu

Zum Frühstück das warme Dinkelfrühstück (S. 33) sowie Nüsse und Samen zum Drüberstreuen. Der Getreidebrei am Morgen versorgt mit energieliefernden Kohlenhydraten und verhindert Heißhungerattacken. Nüsse und Samen enthalten zellschützende Fettsäuren und Vitamin E.

Getreide, die meisten Nüsse und Samen zählen zwar zu den schwach säurebildenden Lebensmitteln; das fällt jedoch bei der großen Menge basenbildender Lebensmittel, die Sie täglich essen, nicht ins Gewicht. Die Gesamtbilanz zeigt einen gewaltigen Basenüberschuss. Sie profitieren spürbar von der entsäuernden und gesundheitsfördernden Wirkung dieser Lebensmittelauswahl und nehmen ab.

Im Internet finden Sie unter **www.saeure-basen-forum.de** sowohl eine Lebensmittel-Tabelle als auch einen Säure-Basen-Rechner*.

*Berechnungen des PRAL-Faktors nach Remer und Manz, Journal of the American Dietetic Association 95:791–797, 1995

Basenfasten – das gehört auch dazu

Saisonal, regional und bio

Gemüse, Obst und Kräuter aus regionaler biologischer Landwirtschaft, im Einklang mit der Jahreszeit reif geerntet, schmecken besser, enthalten mehr Vitamine und weniger Schadstoffe. Dazu schonen Bio-Anbau und kürzere Transportwege die Umwelt.

Kein oder wenig Salz entwässert, senkt den Blutdruck und sensibilisiert

Lassen Sie das Salz weg oder verwenden Sie es sehr sparsam. So wird eingelagertes Wasser ausgeschwemmt. Sie werden angenehm überrascht sein: Reifes Obst und Gemüse hat einen köstlichen Eigengeschmack, nach kurzer Zeit können Sie diesen richtig genießen.

Kräuter und Gewürze – Aroma pur

Gut gewürzte Speisen brauchen kein oder wenig Salz. Kräuter, Gewürze, Ingwer und Bio-Zitronenschale entzücken aber nicht nur die Geschmacksnerven, sie aktivieren den Stoffwechsel, regen die Verdauung an und fördern mit Bio-Stoffen die Gesundheit. Zitronenschale enthält z.B. Quercetin, das vor Krebserkrankungen schützt, und frische Kräuter gehören zu den stärksten Basenbildnern. Entdecken Sie Ihre Lieblingsmischungen: Ob Basilikum, Muskat und Zitronenschale, Petersilie und Galgant, Minze, Ingwer und Koriander – die natürlichen Aromen verwandeln einfache Basenfasten-Rezepte in kulinarische Leckerbissen.

Natürlich süße Früchte statt Zucker

Zucker, aber auch Honig lassen den Blutzuckerspiegel kurzfristig in die Höhe schnellen. Das steigert die Ausschüttung von Insulin, dem Hormon, das auch für den Fetteinbau zuständig ist. Fällt der Blutzucker dann wieder ab, kommt es zu den gefürchteten Heißhungerattacken. Reife Früchte und Trockenfrüchte sind natürlich süß, ballaststoffreich und werden langsamer verdaut.

Schonende Zubereitung erhält die Vitamine

Gemüse und Obst erst kurz vor der Verarbeitung schneiden und schonend zubereiten: kurze Garzeiten, dämpfen, im eigenen Saft dünsten, unter Rühren braten im Wok. Wenn Gemüse in Flüssigkeit gekocht wird, diese immer mitessen.

Individuelle Essvorlieben beachten

Hören Sie auf Ihren Körper. Wenn Sie manche Zutaten nicht vertragen. z.B. Knoblauch, Zwiebeln, eine Gemüsesorte oder ein Gewürz nicht mögen, diese einfach weglassen.

Laktoseintoleranz und Zöliakie? Kein Problem!

Da alle Zutaten pflanzlich sind, ist Basenfasten für Menschen mit Laktoseintoleranz gut geeignet. Bei Zöliakie wird der Frühstücksbrei mit Reis- oder Hirseflocken zubereitet. Mittag- und Abendessen sind sowieso glutenfrei.

Bewegung – mit Schwung das Wunschgewicht erreichen und halten

Wer sich regelmäßig bewegt, steigert die Durchblutung der Muskeln. Sie sind ausreichend mit Sauerstoff versorgt und können die notwendige Energie aerob bilden, d.h. ohne dass dabei Milchsäure entsteht. Täglich 30 Minuten Sport, Walken, Joggen, Schwimmen oder Fitnesstraining trägt darum zum Ausgleich des Säure-Basen-Haushalts bei. Aber Vorsicht, nichts übertreiben! Wer von null auf hundert loslegt, sich dem Extremsport hingibt und Muskelkater bekommt, bewirkt das Gegenteil, denn überstrapazierte Muskeln bilden Milchsäure.

Abnehmen ohne Bewegung funktioniert nicht. Gut durchblutete Muskeln arbeiten besser und verbrennen mehr Kalorien – bis zu zwei Stunden nach dem Training. Regelmäßige Bewegung baut Fett ab und Muskeln auf. Dadurch erhöht sich der Grundumsatz. Das bedeutet: Sie verbrennen auch in Ruhephasen mehr Energie.

Kneipp-Anwendungen fördern den Abbau von Schadstoffen

Kneipp-Anwendungen aktivieren die Regulationsmechanismen des Körpers und regen den Kreislauf an, das Abnehmen geht leichter und die Selbstheilungskräfte werden gestärkt. Einfache Kneipp-Anwendungen, die Sie auch zu Hause durchführen können, finden Sie auf S. 27.

Den Körper spüren – Kaffee, schwarzen und grünen Tee weglassen

Eine lokale Übersäuerung des Magens kann auftreten, wenn man zu viel Kaffee oder Tee trinkt. Mit der Übersäuerung des Organismus hat das jedoch nichts zu tun. Darum ist auch Sodbrennen kein Anzeichen für einen aus den Fugen geratenen Säure-Basen-Haushalt.

Trotzdem sollten Sie während dieser Woche die anregenden Getränke weglassen. Dann spüren Sie, ob Sie müde sind und sich ausruhen sollten. Erfreut werden Sie feststellen, dass Sie auch ohne Aufputschendes wach und munter sein können. Und noch eine Überraschung: Meist hat man nach dem Basenfasten weniger Lust auf Kaffee, kann jedoch ab und zu einen guten Cappuccino richtig genießen.

Alkohol und Nikotin sind Energieräuber

Sie wirken wie Zellgifte, steigern die Produktion von gefährlichen freien Radikalen, kosten viel Kraft und verhindern, dass Sie spüren, wie sich Ihr Körper erholt und neue Energie schöpft.

Prädikat „für den Alltag geeignet“

Es darf ausgiebig gegessen werden während dieser Entlastungstage – darum bleiben Sie bei Kräften, sind gut gelaunt und können das Basenfasten auch während der Arbeitswoche durchführen. Am besten beginnen Sie mit dem Basenfasten am Samstag, dann haben Sie das ganze Wochenende für die Umstellungsphase.

Der Aufbautag

Gewöhnen Sie sich wieder langsam an die größere Lebensmittelauswahl. Essen Sie am Tag nach dem Basenfasten zum Frühstück ein Dinkelbrot mit Butter und Schnittlauch, dazu Tomaten, Gurken und Radieschen oder ein Müsli mit Joghurt, Trockenfrüchten, Nüssen und frischem Obst. Zum Mittagessen gibt es Fisch und Kartoffeln aus der Folie, Gemüse und Salat, abends nochmals die bewährte Gemüsesuppe.

Aus der Praxis

Interview mit Theresia Goldberger. Sie leitet seit langem das Basenfasten-Programm im Kneipp-Kurzentrum der Barmherzigen Brüder in Schärding und begleitet jedes Jahr mehr als 500 Menschen beim Basenfasten.

Ich bin ein anderer Mensch geworden

„Als ich zum ersten Mal das Basenfasten gemacht habe, war ich begeistert, dass der Körper so stark drauf reagiert hat. Ich hab gespürt, wie der Organismus entgiftet, durch den Mund, die Haut. Die Zunge war belegt, der Körper hat so viel hergegeben. Ich hatte vorher Gesundheitsprobleme, immer wieder Migräne. Seit ich zwei- bis dreimal im Jahr basenfaste, kenne ich keine Kopfschmerzen mehr. Auch meine Knieschmerzen sind weg. Ich bin ein anderer Mensch geworden."

Das Basenfasten ist für jeden gut

„Selbst für Menschen, die sich gesund ernähren. Sogar wenn man keine besonderen Probleme hat und sich ganz fit fühlt. Eine Woche dem Körper etwas Gutes tun – in der heutigen Zeit, bei diesem ständigen Stress, braucht das jeder. Das Basenfasten erleichtert nicht nur den Körper, sondern auch die Seele. Zum Basenfasten gehört das Loslassen, nicht nur vom körperlichen Ballast, sondern auch von Dingen, die einen psychisch belasten. Wenn jemand sagt, ich muss neu beginnen, dann ist das Basenfasten das Beste. Nach ein paar Tagen verschwindet die Hektik, man ist wie ausgewechselt und ausgeglichener. Man sieht klarer und kann Probleme leichter lösen."

Nach der Umstellung das Genießen lernen

„Für Menschen, die es zum ersten Mal machen, ist das Basenfasten am Anfang schon etwas streng. Nicht dass man hungern müsste. Da gibt es keine Klagen. Zum Frühstück und zum Mittagessen kann man sich satt essen. Abends gibt es weniger – zwei Teller Suppe. So können die Organe über Nacht entgiften. Aber das Essen besteht nur aus den basenbildenden Lebensmitteln, aus Gemüse, Kartoffeln, Früchten, dazu ein Getreidebrei am Morgen. Pro Tag sind das ca. 600 kcal. Statt Kaffee, grünem oder schwarzem Tee gibt es Kräutertee. Alkohol und Zigaretten sind tabu. Am Anfang ist das schon beunruhigend und manche befürchten, dass sie diese Vorgaben nicht durchhalten.

Aber schon nach kurzer Zeit spüren die Menschen, dass sie nur reine Naturprodukte essen, ganz ohne Chemie. Sie machen die Erfahrung, dass diese natürlichen Gerichte sehr gut schmecken. Das ist ja das Ziel – keine Askese, sondern lernen, wie man gesund genießt. Dazu gehört auch: sich Zeit nehmen, sich hinsetzen, in Ruhe essen und gut kauen. Dann ist das Essen bekömmlicher und kann besser verdaut werden."

Abnehmen und die Gesundheit fördern

„Basenfasten kann man zu jeder Jahreszeit und man nimmt damit in einer Woche bis zu 4 Kilos ab. Basenfasten ist gut für den ganzen Körper. Denn wenn ein Organ übersäuert ist, kann es sich nicht mehr ernähren. Esse ich jedoch keine säurebildenden, sondern nur basenbildende Lebensmittel mit einem hohen

Mineralstoffgehalt, dann holt sich der Körper die abgelagerten Säuren. Die Organe werden wieder richtig versorgt und Ablagerungen lösen sich. Darum beugt das Basenfasten gegen Zivilisationskrankheiten vor, stärkt die Immunkräfte und fördert die Verdauung.

Man kann die Übersäuerung des Bindegewebes kaum oder nur sehr schwer durch komplizierte Untersuchungen feststellen. Trotzdem ist sie da. Aber man muss nicht immer alles messen, sondern sollte auf sich selbst hören und seinen Körper wieder spüren. Den Menschen geht es nach dem Basenfasten deutlich besser, z.B. auch bei Gelenksschmerzen. Sie haben erstaunlich viel neue Energie, sind ruhiger und gelassener. Aber jeder ist einzigartig. Bei manchen dauert es ein bisschen länger, bis sich dieses Wohlgefühl einstellt. Dann bekomme ich nach einer Woche einen Anruf: „Mir geht es so gut, ich komme wieder." Sogar die Blutwerte(z.B. der Cholesterinwert) können sich bessern. Das kann man feststellen, wenn man sie vor und zwei Wochen nach dem Basenfasten messen lässt. Diesen Test kann jeder machen."

Kein Jo-Jo-Effekt, denn Basenfasten erleichtert die Ernährungsumstellung

„Nach dem Basenfasten ist der Körper sensibilisiert und macht sich bemerkbar, wenn ihm etwas schadet. Das motiviert zu einer Ernährungsumstellung im Alltag. Ich empfehle 20 % säurebildende und 80 % basenbildende Lebensmittel zu essen. Kleine Portionen Fleisch, Fisch und Geflügel, denn tierisches Eiweiß ist der stärkste Säurebildner. Dafür Sattessen mit großen Beilagenportionen von Salat, Gemüse und Kartoffeln, z.B. zum Schinkenbrot immer Tomaten, Senf und Kren (Meerrettich) essen, dann stimmt die Versorgung mit Mineralstoffen, Vitaminen und sekundären Pflanzenstoffen. Dann kann das Basenfasten nachhaltig wirken und es gibt keinen Jo-Jo-Effekt. Hilfreich ist auch ab und zu ein Entlastungstag (S. 20)."

Kneippen verstärkt die Wirkung

„Kneipp-Anwendungen unterstützen das Basenfasten (S. 27). Obwohl es ganz einfache Anwendungen sind, hat das kalte Wasser eine starke Wirkung. Es kräftigt das Herz, und alle anderen Organe arbeiten mehr. Das regt den Stoffwechsel an und löst kleine Blockaden auf. Der warme Leberwickel am Nachmittag kann auch zu Hause gemacht werden, er ist sehr entspannend und fördert die Entgiftung (S. 28)."

Vorfasten verhindert Beschwerden

„Zu Beginn des Basenfastens können manchmal Kopfschmerzen auftreten, besonders wenn man vorher täglich Kaffee trinkt. Um das zu verhindern, ist es besser, schon eine Woche vor dem Basenfasten keinen oder koffeinfreien Kaffee zu trinken, den Alkoholkonsum und das Rauchen einzuschränken. Durch dieses sogenannte Vorfasten reagiert der Körper dann beim Basenfasten nicht so heftig auf die Umstellung und man kann die Woche noch mehr genießen. Zum Vorfasten gehört auch, dass man viel trinkt, am besten alle zwei Stunden ein Glas abgekochtes Wasser. Ich mische das Wasser mit frisch gepresstem Zitronensaft, das schmeckt und versorgt mit schützendem Vitamin C."

Jeder Mensch reagiert individuell – aber die neue Energie kommt

„Durch die Ernährungsumstellung kann durchaus in den ersten Tagen eine leichte Verstopfung auftreten. Aber jetzt keine Abführmittel nehmen oder Glaubersalzlösungen. Der Darm muss selbst beginnen zu arbeiten. So wird er gekräftigt. Nach einigen Tagen funktioniert die Verdauung. Unterstützend wirken hierbei auch tägliche Bewegung und reichlich Flüssigkeit in Form von Kräutertee und Wasser.

Am ersten Tag des Basenfastens ist man meist müde, denn im Körper tut sich sehr viel. Die Kombination von Basenfasten und Kneipp-Anwendungen ist anstrengend, aber äußerst wirkungsvoll. Das ist eine wichtige Erfahrung. Im Alltag steht man immer unter dem Zwang, fit und aktiv zu sein. Jetzt hat man die Chance, diese Müdigkeit zuzulassen und in den Körper reinzuhören. Dadurch fällt es auch leichter, sich zuzugestehen, dass man diese Pause braucht. Es kann durchaus ein paar Tage dauern, bis man die neue Energie verspürt. Da sollte man nicht unsicher werden, sondern abschalten und sich Zeit zum Entspannen gönnen. Denn die Energie kommt, das ist sicher."

Entlastungstag

Frühstück:
warmes Dinkelfrühstück (S. 33)

Mittagessen:
in der Schale gedämpfte Kartoffeln mit Sauerkraut, roh oder gekocht mit wenig Fett zubereitet

Abends:
eine Kartoffelsuppe, mit wenig Fett zubereitet, mit reichlich Kräutern bestreut

Über den Tag verteilt 3 bis 4 Liter Wasser und/oder Kräutertee trinken

Nicht erst Patient werden, bevor man mit dem Basenfasten beginnt

„Meine Frau und ich, wir machen das Basenfasten gemeinsam, schon das zweite Mal. Ich habe mich vor dem Basenfasten wohlgefühlt und fühle mich danach noch besser. Es hat mir sehr gut getan und ich habe abgenommen.

Durch diese basische Heildiät wollte ich entgiften und wieder lernen, auf meinen Körper zu hören. Diese Fähigkeit kommt einem mit der Zeit abhanden. Essen ist für mich nicht nur Nahrungsaufnahme, sondern auch Genuss und Kultur. Auch das kann man durch das Basenfasten wieder erfahren.

Man muss ja nicht erst Patient werden, bevor man damit anfängt. Wir machen das, um vorzubeugen, uns für den Alltag aufzubauen. Danach setzen wir es auch fort. Bestimmte Elemente fließen jetzt in den Essalltag ein. Wir essen sowieso sehr viel Gemüse und Obst, wenig Fleisch und kaum Wurst. Ich habe in einer Woche Basenfasten, in der ich mich zusätzlich viel bewegt habe, 3 1/2 Kilo abgenommen. Durch die Ernährungsumstellung danach konnte ich mein Gewicht halten. Obwohl ich beim Heurigen schon ab und zu ein Stück Braten genieße.

Während des Basenfastens hatte ich überhaupt keinen Hunger. Schon das viele Trinken bewirkt ein Sättigungsgefühl. Da ich normalerweise das Frühstück ausgiebig zelebriere, musste ich mich zuerst überwinden, am Morgen nur den Getreidebrei zu essen. Aber dann hab ich ihn ganz gern gegessen, besonders beim zweiten Mal Basenfasten. Es ist ja nicht nur ein Brei, sondern mit Nüssen und Trockenfrüchten schmeckt diese Dinkelspeise durchaus ansprechend.“

Dr. Friedrich Kunz ist Lebensmittelchemiker und Fachautor und lebt in Wien. Er war zum zweiten Mal im Kneipp Kurhaus Schärding zum Basenfasten.

Wunschgewicht und dauerhafte Säure-Basen-Balance

Basenfasten ist der ideale Einstieg zur dauerhaften Änderung der Essgewohnheiten. Lassen Sie nach dieser Entschlackungswoche weiterhin die basenbildenden Nahrungsmittel Gemüse, Früchte, Kartoffeln und Kräuter die Hauptrolle auf Ihrem Speiseplan spielen. Selbstverständlich gibt es jetzt auch Milchprodukte, Fisch, Fleisch, Getreide und Hülsenfrüchte – schlau kombiniert und leicht zubereitet. Mit diesem ausgewogenen Essen bleiben Sie in der Säure-Basen-Balance. Sie halten das Wunschgewicht, stärken nachhaltig die Gesundheit und entdecken neue kulinarische Genüsse.

Überwiegend pflanzlich essen, auch beim Eiweiß

Eiweiß braucht der Mensch zum Aufbau von Zellen, Hormonen und Enzymen, das ist unbestritten. Aber eiweißreiche Nahrungsmittel, Fleisch, Geflügel, Fisch, Getreide und Hülsenfrüchte sind säurebildend. Was nun? Ganz einfach: Essen Sie überwiegend pflanzlich. Sättigende Portionen von Vollkorngetreide, Vollkornprodukten oder Hülsenfrüchten wirken nur schwach säurebildend und das kann leicht mit den „wunderbaren VIER“ ausgeglichen werden: Natureis mit Blumenkohl-Curry (S. 93) servieren; gekochte rote Bohnen in die Minestrone (S. 74) mischen oder zu Vollkornnudeln das Gemüse-Ragout mit Pilzen (S. 106) reichen.

Eine Sonderstellung haben Kartoffeln und Sojaprodukte. Sie sind trotz hohem Eiweißgehalt basenbildend, Kartoffeln stark und Sojaprodukte schwach. Grund dafür sind einzigartige Mineralstoffkonzentrationen. Weiterer Vorteil: Getreide, Hülsenfrüchte und Kartoffeln versorgen auch mit den „guten“ komplexen Kohlenhydraten. Die machen satt, werden langsam verdaut, liefern anhaltende Energie und halten den Blutzuckerspiegel im Zaum. Reich an Ballaststoffen fördern sie die Verdauung und schützen vor Darmkrebs.

Öfters vegetarisch speisen

Mit veganen oder vegetarischen Gerichten ist es leichter, in der Säure-Basen-Balance zu bleiben. Studien zeigen, dass Vegetarier seltener an Osteoporose leiden. Grund dafür: ihre basenreiche Ernährung.

Fleisch und Geflügel – Qualität vor Quantität

Auf saftiges Fleisch und zartes Geflügel müssen Sie nicht verzichten. Da beide jedoch stark säurebildend sind, gilt: „Qualität vor Quantität“ – kleinere Portionen, dafür aber ausgewählte, fettarme Stücke und aus biologischer Tierhaltung. Ordentlich zugreifen dürfen Sie bei den klassischen „Beilagen“, bei knackigen Gemüsegerichten, saftigen Salaten und vielfältigen Kartoffelspeisen, dann gelingt sogar ein Basenüberschuss. Eine neue Art zu essen – in diesem Buch gibt es viele Rezepte, die sich vorzüglich mit Fleisch und Geflügel kombinieren lassen: Kalbssteak zu Kohlrabi mit Frühlingszwiebelsoße (S. 92) und Sellerie-Kartoffel-Püree (S. 90), Paprika, Karotten, Lauch und Sprossen aus dem Wok (S. 96) mit gebratenen Hühnerstreifen, Schmortopf mit grünen Bohnen, Tomaten und Kartoffeln (S. 105) mit Rindfleisch.

Fisch? Ja, bitte!

Schon wieder eine Ausnahme: eiweißreicher Fisch. Er versorgt mit schützenden Omega-3-Fettsäuren, Vitamin D und K. Darum darf die Portion größer ausfallen, vor allem wenn es dazu üppig Basenbildendes gibt. Sehr köstlich: gedämpftes Lachsfilet mit Sekunden-Spinat, Brokkoli und Zucchini-Kräuter-Soße (S. 89), dazu Ofenkartoffeln (S. 108).

Reichlich Joghurt, Buttermilch und Kefir

Die gute Nachricht: Joghurt, Buttermilch und Milch sind nur schwach säurebildend. In Mengen ausgedrückt: Bereits 100 g Apfel können die Säurebildung aus 100 g Joghurt ausgleichen und Kefir ist sogar schwach basenbildend. Ob im Müsli, als fruchtiger Drink oder beeriges Dessert: Joghurt, Buttermilch und Kefir sind fettarm, kalziumreich, stärken die Darmflora und schmecken erfrischend köstlich – Gründe genug, um sie oft und reichlich zu essen.

Auch Sahne (Obers) und Butter sind nur schwach säurebildend. Trotzdem ist Zurückhaltung angesagt, die beiden sind ziemlich fett.

Käse häppchenweise

Aromatischer Käse ist leider stark säurebildend und je härter, desto mehr. Und da köstlicher Käse auch sehr fett ist, müssen wir schlaue Strategien entwickeln, wie wir ihn trotzdem in kleinen Portionen genießen können. Auf jeden Fall immer im Kombipack mit den „wunderbaren VIER", z. B. Camembert mit Trauben und Birnen essen oder fein geraspelten Emmentaler über Tomatensoßen und Suppen streuen. Lassen Sie die Phantasie den Kochlöffel schwingen: Petersiliensalat mit Tomatenvinaigrette (S. 46) und zerbröseltem Schafskäse servieren; Endiviensalat mit Birne, Karotte, Sellerie (S. 54) und Bergkäse-Würfelchen, Auberginen-Zucchini-Antipasto (S. 63) mit Parmesan-Spänen.

Wenig vom richtigen Fett

Überwiegend pflanzlich und von bester Qualität – das gilt auch beim Fett. Dem Wunschgewicht und der Gesundheit zuliebe sollte es auch sparsam dosiert werden. Ideal sind 1/2 bis 1 EL Öl pro Person, bevorzugt Oliven-, Raps-, Sonnenblumen- und Sojaöl – und für Salate kalt gepresst. Auch Nüsse und Samen verwöhnen mit den gesunden Fettsäuren und Vitamin E, werden in kleinen Mengen ins Müsli oder in Salate gemischt oder für Soßen und Dressings cremig gemixt.

Locker bleiben – so schaffen Sie den Ausgleich und bleiben schlank

Um das Gewicht zu halten und den Säure-Basen-Haushalt zu stabilisieren, können Sie ab und zu einen Basenfasten-Tag einlegen. Besonders angenehm ist das nach Feiertagen oder nach dem Wochenende.

Bauen Sie die Rezepte aus diesem Buch regelmäßig in Ihren Speiseplan ein. Damit das Süße nicht zu kurz kommt, finden Sie hier auch erprobte Süßspeisen, Frucht pur – zum Dessert oder als Hauptgericht. Probieren Sie außerdem neue Speisenfolgen: Suppe und Salat ergeben eine prima Hauptmahlzeit, frisch gepresster Saft eine leichte Vorspeise, statt Sahnecreme schmeckt saftiger Pfirsich zum Dessert. Fruchtige Smoothies erfrischen zwischendurch als Snack.

Ein gutes Körpergefühl

Beim Basenfasten können Sie dieses angenehme Körpergefühl genießen: satt und trotzdem nicht voll, energiegeladen und trotzdem entspannt. Verständlich, dass man sich wünscht, die neue Leichtigkeit möge von Dauer sein. Dieses Bedürfnis ist die beste Voraussetzung für eine Änderung des Ernährungsverhaltens. Sie werden erstaunt sein, wie einfach das gelingt. Hören Sie auf Ihren Körper, er zeigt Ihnen, wo's langgeht – auch beim Essen –, und wird sich mit anhaltendem Wohlgefühl bedanken.

So schaffen Sie den Ausgleich

Schlau kombiniert: Die Mengen sind so berechnet, dass sogar ein Basenüberschuss entsteht.

Schlaue Kombinationen

Säurebildend		Basenbildend
30 g Dinkel	werden ausgeglichen durch	20 g getrocknete Feigen
10 g Mandeln	werden ausgeglichen durch	50 g Birne
1 Scheibe Vollkornbrot (50 g)	wird ausgeglichen durch	100 g Radieschen
50 g Reis	werden ausgeglichen durch	150 g Kohlrabi
50 g getrocknete Linsen	werden ausgeglichen durch	50 g Karotten
100 g Spaghetti	werden ausgeglichen durch	250 g Tomate + 10 g Kräuter
100 g Joghurt	werden ausgeglichen durch	100 g Apfel
150 g Kabeljau	werden ausgeglichen durch	150 g Kartoffeln + 100 g Fenchel
120 g Fleisch (Rind, Schwein, Lamm)	werden ausgeglichen durch	200 g Kartoffeln + 50 g Feldsalat (Vogerlsalat)
120 g Hühnerfleisch	werden ausgeglichen durch	150 g Kartoffeln + 100 g Blumenkohl (Karfiol)
30 g Hartkäse	werden ausgeglichen durch	100 g Tomate + 150 g Paprika + 100 g Gurke

Keine Panik, wenn Sie nicht bei jedem Essen den Ausgleich schaffen. Die Säure-Basen-Bilanz rechnet sich über den ganzen Tag. Sie haben also reichlich Gelegenheit, Gemüse, Früchte, Kartoffeln und Kräuter zu essen.

Überprüfen Sie, ob ein Rezept ausgeglichen ist, oder berechnen Sie Ihre Tagesbilanz. Unter **www.saeure-basen-forum.de** finden Sie den Säure-Basen-Rechner*.

*nach Remer und Manz (1995)

Vorsicht!

Extrem säurebildend – nur ausnahmsweise essen
Leber, Dosenfleisch, Leberwurst, Salami, Gans, Kaninchen, Garnelen, Krabben, Miesmuscheln, geräucherter Aal, Schmelzkäse

Zucker – so wenig wie möglich
Er steigert die Insulinausschüttung und fördert den Fetteinbau. Kommen Sie auf den leichten, süßen Geschmack von reifem Obst und Trockenfrüchten. Wenig Zucker verwenden und mit Zimt und Vanille aromatisieren. Die Gewürze intensivieren den süßen Geschmack.

Fertigprodukte im Supermarkt lassen
Sie enthalten oft zu viel Fett, Zucker, Geschmacksverstärker und künstliche Aromen.

Functional-Food-Produkte braucht niemand
Sie versprechen gesundheitliche Vorteile durch zugesetzte Vitamine und isolierte Pflanzenstoffe. Neue Untersuchungen zeigen aber, dass das Gegenteil der Fall ist.

Cola- und Limogetränke besser nicht trinken
Sie enthalten viel Phosphatsäure, Zucker oder Süßstoff und künstliche Aromen.

Einfache Kneipp-Anwendungen für zu Hause*

Wassertreten

Ob Sommer oder Winter, diese einfache Übung härtet ab, kräftigt die Venen und fördert einen ruhigen Schlaf.

- Die Badewanne mit kaltem Wasser füllen, bis das Wasser ca. eine Handbreit unter dem Knie steht. Damit Sie nicht ausrutschen, in die Badewanne eine dafür geeignete Gummimatte legen.
- Treten Sie im Storchengang auf der Stelle. Dabei das Bein bei jedem Schritt ganz aus dem Wasser heben.
- Beenden Sie die Anwendung, sobald ein starkes Kältegefühl auftritt (nach ca. 1/2 bis 1 Minute).
- Trocknen Sie die Beine nicht ab, sondern die Wassertropfen einfach mit der Hand wegwischen. Bewegen, bis die Beine warm sind.

Darauf müssen Sie achten:
Nicht mit kalten Füssen wassertreten. Nicht davor oder danach das Armbad machen. Halten Sie bei Nieren-, Blasen- oder Unterleibserkrankungen Rücksprache mit Ihrem Arzt.

Gesichtsguss

Macht munter, belebt und erfrischt, fördert die Durchblutung der Gesichtshaut, sorgt für einen rosigen Teint.

- Sie brauchen dazu den Wasserstrahl aus einem Schlauch. (Bei vielen Duschschläuchen lassen sich die Duschköpfe abschrauben.)
- Legen Sie ein Handtuch um den Hals und beugen Sie sich leicht nach vorne. Atmen Sie während dem Guss tief ein und aus.
- Richten Sie den Wasserstrahl auf die rechte Seite des Gesichts unterhalb der Schläfe und umkreisen Sie damit langsam das Gesicht bin hin zur Stirn.
- Führen Sie dann den Wasserstrahl einige Male quer und längs über das ganze Gesicht.
- Zum Schluss nochmals das ganze Gesicht umkreisen.
- Das Gesicht etwas abtrocknen.

Darauf müssen Sie achten:
Bei Bluthochdruck, Augenleiden, Nebenhöhlenerkrankungen und bei einer Überfunktion der Schilddrüse dürfen Sie den Gesichtsguss nicht anwenden.

Kaltes Armbad

Wirkt erfrischend und beruhigt.

- Füllen Sie das Waschbecken mit ca. 15 °C kaltem Wasser.
- Langsam beide Arme bis zum halben Oberarm ins Wasser tauchen.
- Bleiben Sie mit den Armen ca. 15 bis 30 Sekunden im kalten Wasser.
- Arme nicht abtrocknen, die Wassertropfen nur abstreifen.
- Leicht mit den Armen schwingen, bis ein angenehmes Wärmegefühl eintritt.

*Anwendungen im Kneipp-Gesundheitszentrum Barmherzige Brüder Schärding, www.kurhaus-schaerding.at

Darauf müssen Sie achten:
Das Armbad niemals mit kalten Händen machen. Die Hände vorher erwärmen. Bei Herz-Kreislauf-Erkankungen nur nach Absprache mit Ihrem Arzt. Das Armbad nicht gleichzeitig mit den Fuß- und Beinbädern durchführen.

Knieguss

Fördert die Durchblutung und beugt Krampfadern vor.

- Sie brauchen dazu den Wasserstrahl aus einem Schlauch. (Bei vielen Duschschläuchen lassen sich die Duschköpfe abschrauben.) Günstig ist es, wenn Sie bei der Anwendung auf einem Holz- oder Gummirost stehen.
- Richten Sie den festen Wasserstrahl zuerst auf den Fußrücken des rechten Beins. Lassen Sie ihn über die Wade bis oberhalb der Kniekehle wandern.
- Dann wandert der Strahl auf der Innenseite des Beins hinunter zum Fuß.
- Zum linken Bein wechseln und die gleiche Abfolge einhalten.
- Zum Schluss die Fußsohlen abspritzen.
- Trocknen Sie die Füße nicht ab, bewegen Sie sich, bis die Füße wieder warm sind.

Darauf müssen Sie achten:
Bei Venenentzündungen und frischen Thrombosen dürfen Sie diese Anwendung nicht durchführen. Haben Sie einen niedrigen Blutdruck, dann besprechen Sie die Anwendung zuerst mit Ihrem Arzt.

Warmer Leberwickel

Wird nach dem Mittagessen am frühen Nachmittag angewendet, da um diese Zeit die Organe besonders gut entgiften.

Ein Handtuch ins heiße Wasser tauchen, gut auswringen. Zuerst das feuchte, heiße Tuch, dann eine Wärmflasche auf die Leber legen. Zuerst ein Handtuch, dann eine Decke um den Körper wickeln und 30 Minuten ruhen.

Basenfasten-Speiseplan für 1 Woche

Jeden Tag
Frühstück
Warmes Dinkelfrühstück und 2 Stück Obst (S. 33)
Mittagessen
Zum Hauptgericht ein gemischter Salat mit fettarmem Dressing (S. 46 bis S. 64)

1. Tag
Mittags
Gebratene Zucchini mit Rucola und Kräutern (S. 97), dazu Ofenkartoffeln (S. 108)
Abends
Karotten-Orangen-Suppe mit Ingwer (S. 78)

2. Tag
Mittags
Gemüse-Ragout mit Pilzen und knusprige Kartoffelspalten (S. 106)
Abends
Grüne Blumenkohlsuppe (S. 78)

3. Tag
Mittags
Karotten-Curry mit Bananensoße (S. 93) und 1 große gedämpfte Kartoffel
Abends
Minestrone (S. 74)

4. Tag
Mittags
Gemüse aus dem Dampf mit Zitronen-Mandel-Soße und Sellerie-Kartoffel-Püree (S. 90)
Abends
Steinpilz-Kartoffel-Suppe (S. 72)

5. Tag
Mittags
Schmortopf mit grünen Bohnen, Tomaten und Kartoffeln (S. 105)
Abends
Petersilien-Lauch-Zucchini-Suppe (S. 76)

6. Tag
Mittags
Paprika, Karotten, Lauch und Sprossen aus dem Wok (S. 96) und 1 große Folienkartoffel
Abends
Spinat-Kartoffel-Suppe mit Kräutern (S. 79)

7. Tag
Mittags
Kohlrabi mit Frühlingszwiebelsoße und Knusper-Rösti (S. 92)
Abends
Kürbis-Tomaten-Paprika-Suppe (S. 79)

Frühstück und Drinks

Fit für den Tag mit dem ausgewogenen Basenfasten-Frühstück

Dieses Dinkelgericht gibt Kraft für den Tag. Durch das Basenfasten ist der Organismus stark gefordert und der angekurbelte Stoffwechsel verbraucht reichlich Energie. Das Dinkelfrühstück versorgt Sie mit wertvollen komplexen Kohlenhydraten. Diese werden langsam verdaut, sorgen für einen gleichmäßigen Nachschub an frischer Energie und damit für einen guten und gut gelaunten Start in den neuen Morgen. Denn auch die Produktion von Serotonin, dem sogenannten Glückshormon, ist von einer ausreichenden Kohlenhydratzufuhr abhängig. Außerdem liefert Dinkel, das bevorzugte Getreide der Hildegard von Bingen, auch leichtes, aufbauendes Eiweiß. So werden beim Abnehmen die störenden Fettpölsterchen und nicht die straffenden Muskeln abgebaut.

Frisch und getrocknet – Früchte und Beeren sorgen dafür, dass die Versorgung mit Vitaminen und bioaktiven Pflanzenstoffen stimmt. Nüsse steuern die gesunden Fettsäuren bei. Letztere sind unersetzlich für den Aufbau von jungen, gesunden Zellen. Mit diesem ausgewogenen Frühstück werden die Lebensgeister geweckt und auch die Verdauung kommt ganz natürlich in Schwung, dank der Ballaststoffe aus Getreide und Früchten.

Warmes Dinkelfrühstück mit Früchten und Haselnüssen

Für 2 Portionen
- 60 g Dinkel, grob geschrotet
- 350 ml Wasser
- 30 g Trockenfrüchte (Rosinen, Cranberrys, Aprikosen/Marillen, Pflaumen, Feigen)
- Zimt
- 1 TL Zitronensaft
- 1 EL Haselnüsse, gehackt

Dazu
- 400 g Früchte und Beeren (Apfel, Birne, Orangen, Erdbeeren, Trauben, Pfirsich, Ananas, …)

Am Vorabend den Dinkel mit 250 ml kaltem Wasser vermischen, zudecken und über Nacht kalt stellen. Trockenfrüchte mit 100 EL kaltem Wasser vermischen, zudecken und ebenfalls über Nacht kalt stellen.

Den Dinkel mit der Einweichflüssigkeit und einer guten Prise Zimt unter Rühren aufkochen und kurz köcheln. Bei Bedarf noch etwas Wasser dazugeben. Zitronensaft untermischen. Den Dinkelbrei portionsweise anrichten, mit Trockenfrüchten und Haselnüssen bestreuen. Früchte und Beeren dazuessen.
Pro Portion: 284 kcal, 4 g F, 6 g E, 55 g KH, 0 mg Chol

Cremige Alternative
60 g Hafermark und 1/4 TL Zimt in 350 ml kochendes Wasser einrühren, unter Rühren kurz köcheln. Mit eingeweichten Trockenfrüchten und Haselnüssen bestreuen.

Müsli mit Apfel, Orange und Sojajoghurt

Am Vorabend die Dinkelflocken mit dem Wasser vermischen, zudecken und über Nacht kalt stellen.

Am Morgen die aufgequollenen Dinkelflocken mit Sojajoghurt, Apfel, Orange, Rosinen und Mandeln vermischen.
Pro Portion: 296 kcal, 10 g F, 16 g E, 34 g KH, 0 mg Chol

Basenbildende Sojaprodukte

Auch wenn es manchmal anders dargestellt wird – natürliche Sojaprodukte wie Sojajoghurt, Sojamilch und Tofu gehören zu den basenbildenden Lebensmitteln. Das haben Untersuchungen eindeutig ergeben (S. 22). Diese Sojaprodukte sind leicht verdaulich, enthalten gut verwertbares Eiweiß, ungesättigte Fettsäuren und stoffwechselaktivierende Mineralstoffe. Und sie sind reich an Phytoöstrogenen. Die pflanzlichen Hormone halten Gefäße und Haut jung, schützen vor Herzinfarkt, Diabetes, Krebs und frühzeitiger Faltenbildung. Sojajoghurt versorgt dazu mit Milchsäurebakterien. Sie fördern eine gesunde Darmflora und unterstützen so Entgiftungsmechanismen im Darm. Besonders wenn das Basenfasten über einen längeren Zeitraum durchgeführt wird oder für einzelne Basenfastentage zwischendurch, sind Sojaprodukte eine Bereicherung des Speiseplans.

Für 2 Portionen

- 40 g Dinkelflocken
- 120 ml Wasser
- 300 g Sojajoghurt natur
- 1 Apfel, grob gerieben
- 1 Orange, kleine Stücke
- 2 EL Rosinen, gehackt
- 1 EL Mandeln, gehackt

Müsli mit Birnen und Feigen

Für 2 Portionen
- 60 g Dinkelflocken
- 2 getrocknete Feigen, kleine Würfel
- Zimt
- 150 ml kochendes Wasser
- 2 saftige Birnen, grob geraspelt
- 2 EL Mandeln, gehackt
- Saft von 4 Mandarinen

Dinkelflocken, Feigen und Zimt vermischen, mit dem kochenden Wasser übergießen und 30 Minuten quellen lassen. Birnen und Mandeln untermischen. Müsli in tiefen Tellern anrichten, mit dem Mandarinensaft umgießen.
Pro Portion: 290 kcal, 4 g F, 7 g E, 55 g KH, 0 mg Chol

Allergisch gegen Gluten?
Auch wenn Sie gegen das Klebereiweiß aus Getreide allergisch sind, müssen Sie auf diese energieliefernden Speisen am Morgen nicht verzichten. Bereiten Sie Dinkelfrühstück und Müslis einfach mit Reis- oder Hirseflocken zu.

Melonen-Beeren-Pfirsich-Müsli

Für 2 Portionen
- 200 g Melone, kleine Stücke
- 200 g Beeren (Erdbeeren, Himbeeren, Brombeeren, Johannisbeeren)
- 1 Pfirsich, kleine Stücke
- 3 EL Erdmandelflocken (Chufas)
- Saft von 2 Orangen
- 2 TL gerösteter Sesam

Melone, Beeren, Pfirsich, Erdmandelflocken, Orangensaft und Sesam vermischen.
Pro Portion: 253 kcal, 9 g F, 4 E, 41 g KH, 0 mg Chol

Chufa-Nüssli oder Erdmandeln
Ihr Geschmack erinnert an Hasel- oder Cashewnüsse bzw. Mandeln. Sie sind reich an ungesättigten Fettsäuren, komplexen Kohlenhydraten und Ballaststoffen. Die Flocken aus den wertvollen Erdmandeln gibt es in Naturkostläden und Reformhäusern zu kaufen.

Davon können Sie nicht genug trinken – Kräutertee

Für 2 Portionen
- 2 EL Kräutertee
- 1 l kochendes Wasser

Kräutertee mit dem kochenden Wasser übergießen, zugedeckt 5 bis 8 Minuten ziehen lassen, abgießen.

2 bis 3 Liter Kräutertee pro Tag
Kräutertees fördern den Abtransport von Stoffwechselendprodukten und unterstützen die Nierenfunktion. Darum können Sie beim Basenfasten nicht genug davon trinken. Am besten über den ganzen Tag verteilt. Bewährt hat es sich, gleich eine größere Menge Tee zuzubreiten und diesen in einer Thermoskanne warm zu halten. Haben Sie die Teekanne immer griffbereit, denn ein paar Schluck Kräutertee, in regelmäßigen, kurzen Abständen getrunken, beruhigen und vertreiben auch das Hungergefühl – z. B. bei dem häufig auftretenden Energietief am Nachmittag.

Empfehlenswerte Tees
Melisse, Schafgarbe, Brombeer- und Erdbeerblätter, Fenchel, Kümmel, Anis, Brennnessel, grüner Hafertee, Odermennig- und Maishaartee.

Verbenen-Eistee

Für 2 Gläser
- 1 Bio-Zitrone
- 0,5 l Wasser
- 2 TL frischer Ingwer, gehackt
- 8 Zweigchen Verbene

Zitronenschale dünn abschneiden und fein hacken. Zitrone auspressen. Saft und Schale vermischen, in kleine Eiswürfel-Förmchen füllen und gefrieren lassen.

Wasser mit dem Ingwer aufkochen. 6 Zweigchen Verbene in den Tee geben, 6 Minuten ziehen lassen. Verbene entfernen und Tee abkühlen lassen. Verbenen-Eistee mit Zitronen-Eiswürfeln und den restlichen Verbenezweigchen servieren.
Pro Portion: 20 kcal, 0 g F, 0 g E, 4 g KH, 0 mg Chol

Aprikosen-Himbeer-Smoothie

Aprikosen, Himbeeren und Orangensaft mit dem Mixstab fein pürieren. Eventuell den Smoothie durch ein Sieb streichen.
Pro Portion: 90 kcal, 0 g F, 2 g E, 17 g KH, 0 mg Chol

Für 2 Gläser

- 150 g reife Aprikosen (Marillen), kleine Stücke
- 150 g Himbeeren
- 150 ml Orangensaft

Pfirsich-Orangen-Bananen-Smoothie

Pfirsichstücke, Orangensaft und Bananenstücke mit dem Mixstab fein pürieren. Erdbeeren auf Spießchen stecken und zum Drink reichen.
Pro Portion: 207 kcal, 2 g F, 7 g E, 36 g KH, 0 mg Chol

Für 2 Gläser

Drink

- 1 großer reifer Pfirsich, kleine Stücke
- 300 ml frisch gepresster Orangensaft
- 1 kleine Banane, kleine Stücke

Fruchtspieß

- 200 g Erdbeeren, schöne Spalten

Vitamin-plus-Frühstücksdrink

Aprikosen und Dinkelflocken mit 100 ml heißem Wasser übergießen und 30 Minuten quellen lassen. Karotten mit dem Entsafter zu Saft verarbeiten (Sie brauchen 250 ml Karottensaft). Mit dem Mixstab Karotten- und Orangensaft mit Aprikosen, Dinkelflocken und Mandelmus fein pürieren.

Pro Portion: 214 kcal, 4 g F, 6 g E, 37 g KH, 0 mg Chol

Für 2 Portionen

- 30 g getrocknete Aprikosen (Marillen), kleine Würfel
- 2 EL feine Dinkelflocken
- 100 ml heißes Wasser
- 400 g Karotten
- Saft von 3 Orangen
- 1 EL Zitronensaft
- 1 EL Mandelmus

Erdbeer-Sojajoghurt-Smoothie

Erdbeeren, Orangensaft und Sojajoghurt mit dem Mixstab pürieren.

Pro Portion: 149 kcal, 4 g F, 10 g E, 15 g KH, 0 mg Chol

Für 2 Portionen

- 200 g Erdbeeren, Stücke
- Saft von 2 Orangen
- 200 g Sojajoghurt natur

Ananas-Punsch

Für 2 Portionen

- 250 g frische Ananas, Stücke
- 200 ml Wasser
- Saft von 2 Orangen
- Zimt

Ananas mit kaltem Wasser im Mixer fein pürieren. Ananas- und Orangensaft durch ein Sieb streichen. Den Ananas-Orangen-Saft mit einer guten Prise Zimt erhitzen, aber nicht zum Kochen bringen. So bleiben die Vitamine erhalten.
Pro Portion: 144 kcal, 0 g F, 1 g E, 32 g KH, 0 mg Chol

Mandarinen-Cranberry-Punsch

Für 2 Gläser

- 200 ml Wasser
- 1 Stück Bio-Zitronenschale
- 1 Stange Zimt
- 1 Nelke
- Samen aus 3 Kardamom-Kapseln, zerstoßen
- 1 TL frischer Ingwer, gehackt
- 3 EL getrocknete Cranberrys
- 250 ml frisch gepresster Mandarinensaft

Wasser mit Zitronenschale, Zimt, Nelke, Kardamom, Ingwer und getrockneten Cranberrys aufkochen und 10 Minuten zugedeckt ziehen lassen. Mandarinensaft untermischen. Um die Vitamine zu schonen, den Punsch erhitzen, aber nicht aufkochen.
Pro Portion: 96 kcal, 0 g F, 2 g E, 19 g KH, 0 mg Chol

Gazpacho-Drink

Mit dem Mixstab oder im Glas die Tomaten mit Gurke, Paprika, Zwiebeln, Wasser und Olivenöl fein pürieren. Drink mit wenig Salz und Pfeffer abschmecken.
Pro Portion: 42 kcal, 1 g F, 2 g E, 7 g KH, 0 mg Chol

Für 2 Gläser
- 350 g reife Tomaten, kleine Stücke
- 100 g Gurke, geschält, kleine Stücke
- 1/4 roter Paprika, kleine Stücke
- 1 TL Zwiebeln, gehackt
- 100 ml Wasser
- 1/2 TL Olivenöl
- Salz
- Pfeffer

Harmonie-Gemüse-Smoothie

Karotten, Rote Beete und Sellerie mit dem Entsafter zu Saft verarbeiten. Gemüse-Smoothie mit Zitronensaft, Öl und einer Prise Muskat vermischen.
Pro Portion: 87 kcal, 2 g F, 2 g E, 12 g KH, 0 mg Chol

Für 2 Portionen
- 700 g Karotten, Stücke
- 150 g Rote Beete (Rote Rübe), Stücke
- 100 g Sellerie, Stücke
- 2 EL Zitronensaft
- 1 TL Öl
- Muskat

Salate

Einfach und köstlich – Petersiliensalat mit Tomatenvinaigrette

Petersilienblättchen von den Stängeln zupfen (Stängel zum Aromatisieren von Gemüsebrühe verwenden). Nur sehr große Blätter in Streifen schneiden. Petersilienblättchen mit der Tomatenvinaigrette (siehe unten) vermischen.

Pro Portion: 89 kcal, 5 g F, 3, g E, 7 g KH, 0 mg Chol

Für 2 Portionen

- 1 großer Bund glatte Petersilie
- Tomatenvinaigrette (Rezept siehe unten)

Tomatenvinaigrette

Damit das Dressing saftig wird, die Tomaten in sehr kleine Würfel schneiden. Tomaten, Frühlingszwiebeln, Apfelessig und Olivenöl vermischen. Dressing mit wenig Salz und Pfeffer würzen und reichlich Saft ziehen lassen.

- 2 Tomaten
- 2 Frühlingszwiebeln, feine Ringe
- 2 TL Apfelessig
- 1 EL Olivenöl
- Salz
- Pfeffer

Mehr Salate! Tomatenvinaigrette vermischen mit

- fein geschnittenem Fenchel, roten Paprika und gehackten schwarzen Oliven
- gedämpften Brokkoliröschen, Kapern und Basilikum
- in feine Spalten geschnittene Avocado
- gebratenen, etwas abgekühlten Austernpilzen

Frische Kräuter – am besten bundweise

Frische Kräuter gehören zu den stärksten Basenbildnern. Verwenden Sie darum Kräuter nicht nur zum Würzen, sondern lassen Sie die zarten grünen Blättchen, ganz im Einklang mit der Jahresszeit, die Hauptrolle in der Salatschüssel spielen. Ihr Säure-Basen-Haushalt wird es Ihnen danken. Petersilie mit ihrem hohen Vitamin-C- und Eisengehalt gibt es das ganze Jahr über. Im Frühling werden auch Löwenzahn, Bärlauch, Kerbel und Dill mit der Tomatenvinaigrette vermischt, im Sommer Basilikum, Oregano, Koriander, Minze und Thymian.

Grün-rote Blattsalate mit Radieschen und Zucchinidressing

Für 2 Portionen

- 1/2 Kopfsalat, mundgerechte Stücke
- 1 kleiner Radicchio, mundgerechte Stücke
- 8 Radieschen, dünne Scheiben
- 1/2 Kästchen Gartenkresse
- Zucchinidressing (Rezept siehe unten)

Kopfsalat, Radicchio, Radieschen und Gartenkresse mit dem Zucchinidressing (siehe unten) vermischen.

Pro Portion: 100 kcal, 6 g F, 3 g E, 8 g KH, 0 mg Chol

Zucchinidressing

- 200 g Zucchini, fein geraspelt
- 2 Frühlingszwiebeln, feine Ringe
- 1-2 EL Zitronensaft
- 1 EL Öl
- 2 EL Dill, fein geschnitten
- 2 TL frische Minze, fein geschnitten
- Pfeffer
- Salz

Gurke, Frühlingszwiebeln, Zitronensaft, Öl, Dill und Minze verrühren, mit Pfeffer und wenig Salz abschmecken. Das Dressing 30 Minuten ziehen lassen. So kann sich reichlich aromatische Flüssigkeit bilden.

Salate, immer wieder neu – Zucchinidressing vermischen mit

- fein geschnittenem Endiviensalat, geraspelten Karotten und Alfalfa-Sprossen
- Rucola und klein geschnittenen Tomaten
- gekochten Kartoffeln, in dünne Scheiben geschnitten, und grob gehackten getrockneten Tomaten

Saft ziehen lassen – das Geheimnis der leichten Dressings

Viel Dressing und wenig Kalorien: Werden sehr klein geschnittene Tomaten, geraspelte Gurken oder Zucchini mit einer Prise Salz vermischt, bildet sich nach kurzer Zeit reichlich Gemüsesaft. Das Dressing wird mit Zitronensaft, Essig und wenig Öl vermischt, mit Kräutern und Gewürzen aromatisiert.

Rohkostnockerl mit Kräuterdressing

Die Karotten mit 2 TL Zitronensaft und 1/4 TL Zitronenschale vermischen. Kohlrabi, Minze, 2 TL Zitronensaft und 1/4 TL Zitronenschale vermischen. Rote Beete, Apfel, 2 TL Zitronensaft, Ingwer und Koriander vermischen.

Mit Esslöffeln aus dem geraspelten Gemüse schöne Nockerl formen. Nockerl auf Salatblättern anrichten. Das Kräuterdressing (siehe unten) dazureichen.

Pro Portion: 185 kcal, 8 g F, 9 g E, 17 g KH, 0 mg Chol

Für 2 Portionen

- 100 g Karotten, fein geraspelt
- 6 TL Zitronensaft
- 1/2 TL Bio-Zitronenschale, fein gehackt
- 100 g Kohlrabi, fein geraspelt
- 1 Zweigchen Minze, fein geschnitten
- 100 g Rote Beete (Rote Rübe), fein geraspelt
- 1 kleiner, saftiger, säuerlicher Apfel, fein geraspelt
- 1/2 TL frischer Ingwer, fein gehackt
- 1/2 TL Korianderkörner, geröstet, zerstoßen
- Salatblätter
- Kräuterdressing (Rezept siehe unten)

Kräuterdressing

Mit dem Mixstab Basilikum, Petersilie, Gemüsebrühe, Zitronensaft, Apfelessig und Olivenöl zu einem Dressing pürieren. Geriebene Kartoffeln untermischen. Dressing mit wenig Salz und Pfeffer abschmecken.

Und noch ein Salat – grüne Bohnen mit Kräuterdressing

400 g grüne Bohnen (Fisolen) in Stücke schneiden, zugedeckt über Wasserdampf bissfest garen, mit dem Saft einer Zitrone vermischen und abkühlen lassen. Portionsweise mit dem Kräuterdressing anrichten.

- 1/2 Bund Basilikum, fein geschnitten
- 1/2 Bund Petersilie, fein gehackt
- 5-8 EL kalte Gemüsebrühe (Gemüsesuppe)
- 2 EL Zitronensaft
- 1 TL Apfelessig
- 1 EL Olivenöl
- 50 g gekochte, mehlige Kartoffeln, fein geraspelt
- Salz
- Pfeffer

Rotkrautsalat mit Apfel, Mandeln, Sprossen und Cranberrydressing

Rotkraut mit wenig Salz vermischen, gut durchkneten und zugedeckt etwas ziehen lassen. Durch diese Behandlung wird das Rotkraut weich.

Rotkraut, Apfel, Orange, Walnüsse und Sprossen mit dem Cranberrydressing (siehe unten) vermischen.
Pro Portion: 245 kcal, 10 g F, 5 g E, 30 g KH, 0 mg Chol

Für 2 Portionen

- 200 g Rotkraut (Rotkohl), fein gehobelt
- Salz
- 1 saftiger, säuerlicher Apfel, kleine Stücke
- 1 Orange, kleine Stücke
- 2 EL Walnüsse, grob gehackt
- 2 EL Alfalfa-Sprossen
- Cranberrydressing (Rezept siehe unten)

Cranberrydressing

Cranberrys mit 3 EL heißem Wasser vermischen und etwas aufquellen lassen. Mit dem Pürierstab aus Cranberrys, Orangensaft und Zitronensaft ein Dressing mixen. Dressing mit wenig Salz und Pfeffer abschmecken.

- 1 EL getrocknete Cranberrys
- Saft von 2 Orangen
- 1-2 EL Zitronensaft
- Salz
- Pfeffer

Abwechslung in der Salatschüssel – Cranberrydressing vermischen mit

- fein geschnittener, gekochter Roter Beete (Roter Rübe) und geröstetem Sesam
- fein geschnittenem Chicorée, Fenchel und Ananasstückchen
- grob geraspelten Karotten, fein geraspeltem Sellerie und Apfelstückchen

Dieser Hauch natürliche Süße – so kommt er in den Salat

Mögen Sie ab und zu diesen ganz zarten süßen Geschmack am Salatdressing? Beim Basenfasten müssen Sie nicht darauf verzichten. Trockenfrüchte fein püriert oder gehackt versüßen Dressings und Soßen ganz natürlich.

Kräuter-Sojajoghurt-Dressing

Für 2 Portionen

- 80 g Sojajoghurt natur
- 1 EL Olivenöl
- 1/2 EL Apfelessig
- 2 EL Zitronensaft
- 1 TL Dijon-Senf
- 4 EL Petersilie, fein gehackt
- 2 EL Basilikum, fein gehackt
- 2 TL Minze, fein gehackt
- 1 Knoblauchzehe, fein gehackt
- Abgeriebene Schale von 1/4 Bio-Zitrone
- Salz
- Pfeffer

Mit dem Mixstab oder im Mixglas Sojajoghurt mit Olivenöl, Apfelessig, Zitronensaft, Senf und Petersilie zu einem glatten Dressing mixen. Basilikum, Minze, Knoblauch und Zitronenschale dazugeben und nur einen Moment mixen. Dressing mit wenig Salz und Pfeffer abschmecken.

Pro Portion: 98 kcal, 6 g F, 4 g E, 4 g KH, 0 mg Chol

Schmeckt zu

Blattsalaten, bunt gemischten Salaten mit Tomaten, Gurken und Paprika, aber auch zu marinierten Gemüsen und Kartoffelsalat.

Täglich neue Rezepte

Oliven, klein geschnittene getrocknete Tomaten, Kapern, gehackte Nüsse, geröstete Sesamkörner und Kürbiskerne sorgen dafür, dass jeden Tag eine ganz neue Salatkreation auf den Tisch kommt.

Salat mit Grapefruit und Avocadodressing

Die Grapefruit mit einem scharfen Messer schälen und die Spalten zwischen den Trennwänden herausschneiden. Dabei den herabtropfenden Saft auffangen.

Kopfsalat, Feldsalat, Grapefruit, Sellerie, Zwiebel und Gartenkresse portionsweise anrichten. Das Dressing (siehe unten) auf dem Salat verteilen, den aufgefangenen Grapefruitsaft darüberträufeln.

Pro Portion: 242 kcal, 18 g F, 5 g E, 12 g KH, 0 mg Chol

Für 2 Portionen

- 1 rosa Grapefruit
- 1/2 Kopfsalat, mundgerechte Stücke
- 50 g Feldsalat (Vogerlsalat)
- 2 Stängel Bleichsellerie (Stangensellerie), dünne Scheiben
- 1 kleine rote Zwiebel, feine Ringe
- 1/2 Kästchen Gartenkresse
- Avocadodressing (Rezept siehe unten)

Avocadodressing

Avocado halbieren, Kern entfernen, das Fruchtfleisch mit einem Löffel aus der Schale heben und in Stücke schneiden. Mit dem Mixstab Avocado, Gemüsebrühe, Zitronensaft und Zitronenschale fein pürieren. Dressing mit Chili und wenig Salz abschmecken.

Im Frühling – Salat mit Brunnenkresse

Wenn sich nach einem langen Winter das erste Grün zeigt, wird ein vitalisierender Salat mit Brunnenkresse serviert. Dafür 1/3 Gurke, 2 Tomaten und 1 Frühlingszwiebel klein schneiden. Gurke, Tomaten und Frühlingszwiebel auf Kopfsalat anrichten, mit einer Handvoll Brunnenkresse bestreuen und das Avocadodressing darüber verteilen.

- 1 kleine, butterweiche Avocado
- 100 ml kalte Gemüsebrühe (Gemüsesuppe)
- 2-3 EL Zitronensaft
- 1/2 TL Bio-Zitronenschale, fein gehackt
- Chilipulver
- Salz

Endiviensalat mit Birne, Karotte und Sellerie

Birne, Karotte, Sellerie und Aprikosen mit Zitronensaft vermischen. Für das Dressing Orangensaft, Apfelessig, Öl, je eine Prise Salz und Pfeffer verrühren.

Endiviensalat, Zwiebeln, Karotte-Birne-Sellerie-Mischung und Mandeln mit dem Dressing vermischen.
Pro Portion: 213 kcal, 9 g F, 5 g E, 28 g KH, 0 mg Chol

Knackig und saftig – angenehme Mischung

Gemüse und reife Früchte vertragen sich bestens im Salat. Vor allem im Winter sichert diese Kombination die Versorgung mit schützenden Vitaminen. Besonders gut schmeckt der Karotten-Ananas-Salat. Dafür 250 g grob geraspelte Karotten, 150 g sehr klein geschnittene Ananas, den Saft von 1 Orange und 2 TL Mandelsplitter vermischen.

Für 2 Portionen

- 1 saftige, säuerliche Birne, kleine Würfel
- 1 Karotte, grob geraspelt
- 50 g Sellerie, fein geraspelt
- 2 getrocknete Aprikosen (Marillen), fein gehackt
- Saft von 1/2 Zitrone
- Saft von 1 Orange
- 1 TL Apfelessig
- 1 EL Öl
- Salz
- Pfeffer
- 1/4 Endiviensalat, feine Streifen
- 1 kleine, rote Zwiebel, fein gehackt
- 1 EL geröstete Mandelsplitter

Spinatsalat mit Mango und Limettendressing

Für 2 Portionen

Dressing
- Saft von 1 Limette oder Zitrone
- 1/4 TL frischer Ingwer, fein gehackt
- Salz
- 1 Prise Chilipulver

Salat
- 1 EL Öl
- 200 g junger Spinat
- 2 Frühlingszwiebeln, feine Ringe
- 1 kleine, reife Mango, dünne Streifen
- 1 EL Mandeln, grob gehackt
- 1 EL frischer Koriander (oder Petersilie), fein gehackt

Für das Dressing Limettensaft und Ingwer verrühren. Dressing mit wenig Salz und Chili abschmecken.

Öl im Wok erhitzen. Spinat dazugeben und ganz kurz mit zwei Kochlöffeln im Öl wenden. Die Blättchen sollen dabei nur etwas zusammenfallen.

Spinat mit dem Dressing und den Frühlingszwiebeln vermischen, portionsweise anrichten. Spinatsalat mit Mango, Mandeln und Koriander bestreuen.

Pro Portion: 169 kcal, 9 g F, 4 g E, 17 g KH, 0 mg Chol

Marinierte Ofentomaten

Für 4 Portionen
- 700 g mittelgroße Tomaten
- 1 1/2 EL Sherry-Essig
- 2 EL Olivenöl
- Salz
- Pfeffer

Backofen auf 100 °C Ober- und Unterhitze (80 °C Heißluft, Gas Stufe 2) vorheizen. Tomaten kurz ins kochende Wasser legen, abgießen und abziehen. Tomaten halbieren, die Kerne mit einem kleinen Löffel herausheben.

Tomatenhälften mit der Schnittfläche nach oben nebeneinander auf ein Backblech setzen und im vorgeheizten Backofen ca. 60 Minuten etwas trocknen.

Tomaten mit Essig, Öl, wenig Salz und Pfeffer vermischen und etwas durchziehen lassen.

Pro Portion: 78 kcal, 5 g F, 2 g E, 6 g KH, 0 mg Chol

Granatapfel-Karotten-Fenchel-Salat

Granatapfel mit dem Messer rundum etwas anschneiden, auseinanderbrechen und die Kerne auslösen. 1 EL Zitronensaft, Orangensaft, Öl und eine Prise Salz verrühren. Granatapfelkerne und Karotten mit der Marinade vermischen.

2 EL Zitronensaft, 3 EL Wasser und eine Prise Salz verrühren. Fenchel mit der Marinade vermischen und in einem Sieb abtropfen lassen.

Granatapfel-Karotten-Salat portionsweise anrichten, mit Fenchelstreifen garnieren, mit Pistazien bestreuen.
Pro Portion: 178 kcal, 6 g F, 5 g E, 25 g KH, 0 mg Chol

Für 2 Portionen

- 1 Granatapfel
- 3 EL Zitronensaft
- Saft von 1 Orange
- 1 TL Öl
- Salz
- 300 g Karotten, grob geraspelt
- 1 kleine Fenchelknolle, feine Streifen
- 1 EL Pistazien, feine Stifte

Japanischer Salat mit gebratenen Sprossen

Öl in einem Wok erhitzen. Die Sprossen darin unter Rühren kurz braten und mit Sojasoße würzen. Die Sprossen ziehen dabei reichlich Saft. Sprossen abkühlen lassen, mit dem Apfelessig vermischen.

Endiviensalat, Radicchio, Frühlingszwiebel, marinierte Sprossen und Sesam vermischen.
Pro Portion: 86 kcal, 7 g F, 3 g E, 3 g KH, 0 mg Chol

Für 2 Portionen

- 1 EL Öl
- 50 g Mungsprossen („Sojasprossen“)
- 2 TL Sojasoße
- 1 1/2 EL Apfelessig
- 1/4 Endiviensalat, feine Streifen
- 1 kleiner Radicchio, feine Streifen
- 1 Frühlingszwiebel, feine Ringe
- 1/2 EL gerösteter, ungeschälter Sesam

Marokkanischer Karottensalat

Karotten zugedeckt in 200 ml Salzwasser weich, aber mit Biss köcheln. Karotten abgießen. Kochwasser auffangen und um die Hälfte einkochen. Mit Öl, Zitronensaft und Ingwer verrühren, mit Chili und Zimt abschmecken. Die nach warmen Karotten mit der Garflüssigkeit vermischen und etwas durchziehen lassen. Frühlingszwiebeln und Petersilie untermischen.
Pro Portion: 118 kcal, 6 g F, 3 g E, 14 g KH, 0 mg Chol

So wird der Salat zum Hauptgericht

Den Karottensalat portionsweise mit dem Sesamdressing (siehe unten) anrichten, dazu Ofenkartoffeln (S. 108) essen. Das würzige Sesamdressing passt auch zu den gegrillten Paprika (S. 63), zu grünen Bohnen (Fisolen) und Brokkoli.

Für 2 Portionen

- 400 g Karotten, dünne Scheiben
- Salz
- 1 EL Öl
- 2-3 EL Zitronensaft
- 1/2 TL frischer Ingwer, fein gehackt
- Chilipulver
- Zimt
- 1 Frühlingszwiebel, feine Ringe
- 1/2 Bund Petersilie, fein gehackt

Sesamdressing

Die kalte Kartoffel fein raspeln. Kartoffel, Zitronensaft, Gemüsebrühe, Sesammus und Knoblauch zu einer glatten Soße rühren. Dressing mit wenig Salz und Pfeffer abschmecken.
Pro Portion: 66 kcal, 3 g F, 2 g E, 8 g KH, 0 mg Chol

Für 2 Portionen

- 1 kleine, gekochte Kartoffel
- 2-3 EL Zitronensaft
- 80-100 ml kalte Gemüsebrühe (Gemüsesuppe)
- 1 EL Sesammus oder gerösteter Sesam
- 1 Knoblauchzehe, fein gehackt
- Salz
- Pfeffer

Aromatischer Blumenkohlsalat mit Minze

Für 2 Portionen
- 1 kleiner Blumenkohl (Karfiol), kleine Röschen
- Salz
- 2-3 EL Zitronensaft
- 1/2 TL gemahlener Kreuzkümmel (Cumin)
- 1/2 TL gemahlener Koriander
- Muskat
- 1 EL Öl
- Pfeffer
- 2 Zweigchen Minze, fein geschnitten

Blumenkohl zugedeckt in 250 ml Salzwasser ca. 6 Minuten bissfest köcheln.

Blumenkohl abgießen, Kochwasser auffangen. Blumenkohl mit 2 EL Zitronensaft vermischen. Cumin, Koriander und eine gute Prise Muskat in einem kleinen beschichteten Topf unter Rühren kurz anrösten, mit der Garflüssigkeit aufgießen und diese um die Hälfte einkochen. Öl und 2 EL Zitronensaft unterrühren.

Den noch warmen Blumenkohl mit dem Dressing vermischen. Salat mit Pfeffer und Minze abschmecken und etwas durchziehen lassen.
Pro Portion: 110 kcal, 6 g F, 5 g E, 8 g KH, 0 mg Chol

Weiße Röschen mit strahlend rotem Dressing
Blumenkohlsalat portionsweise anrichten, das Paprikadressing (siehe unten) darübergeben. Auch Avocado, marinierte Selleriescheiben oder gebratene Pilze mit diesem würzigen Dressing servieren.

Paprikadressing

Für 2 Portionen
- 1 roter Paprika
- 2-3 EL Zitronensaft
- 1/2 TL abgeriebene Bio-Zitronenschale
- 1 EL Öl
- Salz
- Pfeffer

Die ganze Paprikaschote zugedeckt in reichlich Salzwasser ca. 15 Minuten weich kochen. Paprika abgießen, abtropfen lassen. Stielansatz und Kerne entfernen. Fruchtfleisch in Stücke schneiden. Mit dem Mixstab Paprika, Zitronensaft, Zitronenschale und Öl zu einem glatten Dressing pürieren. Dressing mit wenig Salz und Pfeffer abschmecken.
Pro Portion: 59 kcal, 5 g F, 1 g E, 3 g KH, 0 mg Chol

Rucolasalat mit gebratenen Pilzen und grasgrünem Dressing

Kleine Shiitakepilze ganz lassen, große in dünne Scheiben schneiden. In einer beschichteten oder gusseisernen Pfanne das Olivenöl erhitzen. Shiitake-Pilze und Champignons darin unter Rühren kurz braten, mit wenig Salz und Pfeffer abschmecken.

Rucola, Tomaten und Frühlingszwiebeln portionsweise anrichten. Pilze auf den Salat geben, das grasgrüne Dressing (siehe unten) darüber verteilen.

Pro Portion: 174 kcal, 13 g F, 5 g E, 8 g KH, 0 mg Chol

Pilzvielfalt

Je nach Jahreszeit und Angebot können Sie diesen Salat auch mit Austernpilzen, Steinpilzen, Pfifferlingen (Eierschwammerln) oder Kräuterseitlingen zubereiten.

Für 2 Portionen

- 100 g Shiitakepilze
- 1 TL Olivenöl
- 100 g Champignons, Scheiben
- Salz
- Pfeffer
- 1 Bund Rucola, zerpflückt
- 200 g Kirschtomaten, halbiert
- 1 Frühlingszwiebel, feine Ringe
- Grasgrünes Dressing (Rezept siehe unten)

Grasgrünes Dressing

Mit dem Mixstab oder im Mixglas die Gurke mit Salatblättern, Petersilie, Dill, Zitronensaft, Öl und Essig zu einem glatten Dressing verarbeiten. Dressing mit Pfeffer und wenig Salz abschmecken.

- 100 g Gurke, grob gerieben
- 8 Blätter Kopfsalat, feine Streifen
- 1/2 Bund Petersilie, fein gehackt
- 1/4 Bund Dill, fein gehackt
- 1-2 EL Zitronensaft
- 1 EL ÖL
- 1 TL Apfelessig
- Pfeffer
- Salz

Immer gut – Kartoffelsalat

Kartoffeln in der Schale weich dämpfen, abziehen und in dünne Scheiben schneiden.

Die noch warmen Kartoffeln mit Zwiebeln, Essig, Öl und Gemüsebrühe vermischen. Salat mit Muskat, wenig Salz und Pfeffer abschmecken, etwas durchziehen lassen.
Pro Portion: 199 kcal, 5 g F, 5 g E, 31 g KH, 0 mg Chol

Ideales kaltes Hauptgericht
Herzhafter Kartoffelsalat macht satt, ist ein Top-Basenbildner und lässt sich mit vielen Blatt- und Gemüsesalaten zum kalten Hauptgericht kombinieren. Besonders gut schmecken dazu Petersiliensalat mit Tomatenvinaigrette (S. 46), grün-rote Blattsalate mit Radieschen (S. 47) oder aromatischer Blumenkohlsalat mit Minze (S. 59).

Mehr Salate mit der tollen Knolle
Kartoffelsalat etwas durchziehen lassen, mit sehr dünnen Gurkenscheiben, fein geschnittenem Endiviensalat oder fein geraspelter Sellerie vermischen.

Für 2 Portionen
- 400 g festkochende Kartoffeln
- 1/2 Zwiebel, fein gehackt
- 1-2 EL Apfelessig
- 1 EL Rapsöl
- 80-100 heiße Gemüsebrühe (Gemüsesuppe)
- 1 Prise Muskat
- Salz
- Pfeffer

Salat aus gegrillten Paprika mit Pinienkernen und Rosinen

Für 2 Portionen

- 2 rote Paprika
- 2 gelbe Paprika
- Saft von 1/2 Zitrone
- 1 EL Olivenöl
- 1 EL Rosinen, grob gehackt
- Salz
- Pfeffer
- 1 EL Pinienkerne

Backofen auf 200 °C Ober- und Unterhitze (180 °C Heißluft, Gas Stufe 3-4) vorheizen. Die ganzen Paprikaschoten auf den Rost (Mittelschiene) legen und 20 Minuten garen, bis die Haut stellenweise Blasen wirft und sich dunkelbraun färbt.

Paprika zugedeckt in einer Schüssel abkühlen lassen. Paprikaschoten über einer Schüssel anstechen, den herabtropfenden Saft auffangen. Stielansatz und Kerne entfernen, das Fruchtfleisch in dünne Streifen schneiden. Paprika, aufgefangenen Paprikasaft, Zitronensaft, Öl und Rosinen vermischen. Salat mit wenig Salz und Pfeffer abschmecken und etwas durchziehen lassen.

Pinienkerne in einer trockenen Pfanne kurz unter Rühren anrösten, über den Salat streuen.

Pro Portion: 188 kcal, 9 g F, 5 g E, 21 g KH, 0 mg Chol

Auberginen-Zucchini-Antipasto

Für 2 Portionen

- 200 g Auberginen (Melanzani), 1 cm dicke Scheiben
- 200 g Zucchini, 1 cm dicke Scheiben
- Salz
- 2 EL Olivenöl
- Saft von 1 Zitrone
- 1 Knoblauchzehe, fein gehackt
- 6 schwarze Oliven, fein gehackt
- 4 getrocknete Tomaten, fein gehackt
- 1/4 TL Oregano
- 1/4 TL Thymian
- Pfeffer

Backofen auf 180 °C Ober- und Unterhitze (160 °C Heißluft, Gas Stufe 3-4) vorheizen. Backblech mit Backpapier belegen. Auberginen nebeneinander darauflegen, leicht salzen und im vorgeheizten Ofen 10 Minuten garen. Auberginen umdrehen. Zucchini dazulegen, leicht salzen, alles ca. 10 Minuten garen. Die Auberginen sollen weich sein und die Zucchini noch Biss haben.

Olivenöl, Zitronensaft, Knoblauch, Oliven, getrocknete Tomaten, Oregano und Thymian vermischen. Marinade mit wenig Salz und Pfeffer abschmecken. Die noch heißen Auberginen und Zucchini mit der Marinade bestreichen, in eine Schüssel schichten und durchziehen lassen.

Pro Portion: 195 kcal, 14 g F, 4 g E, 11 g KH, 0 mg Chol

Salatcocktail mit Kartoffeldressing

Gemüsebrühe zum Kochen bringen. Karotten-, Gelbe-Rüben-, Sellerie- und Kartoffelwürfel dazugeben, zugedeckt ca. 8 Minuten bissfest kochen.

Um den Garprozess zu unterbrechen, Gemüse abgießen, Kochflüssigkeit auffangen. Die gegarten Gemüsewürfel mit dem Zitronensaft vermischen.

Die Garflüssigkeit etwas abkühlen lassen, 150 ml Garflüssigkeit mit den gegarten Gemüsewürfeln vermischen. Die restliche Garflüssigkeit für das Dressing (siehe unten) verwenden.

Brokkoliröschen, Zucchiniwürfel und Erbsen in einen Siebeinsatz geben und zugedeckt über Wasserdampf ca. 4 Minuten garen.

Karotten-, Gelbe-Rüben-, Sellerie- und Kartoffelwürfel portionsweise in Gläser geben. Darauf Tomaten, Brokkoli, Zucchini, Erbsen und Frühlingszwiebeln schichten. Obenauf einen Klacks Kartoffeldressing (siehe unten) geben.

Pro Portion: 166 kcal, 6 g F, 6 g E, 21 g KH, 0 mg Chol

Für 2 Portionen

- 300 ml Gemüsebrühe (Gemüsesuppe)
- 150 g Karotte, kleine Würfel
- 150 g Gelbe Rübe, kleine Würfel
- 100 g Sellerie, kleine Würfel
- 100 g Kartoffel, kleine Würfel
- 3 EL Zitronensaft
- 150 g Brokkoli, sehr kleine Röschen
- 150 g Zucchini, kleine Würfel
- 4 EL tiefgekühlte grüne Erbsen
- 2 Frühlingszwiebeln, feine Ringe
- 2 Tomaten, abgezogen, kleine Würfel
- Kartoffeldressing (Rezept siehe unten)

Kartoffeldressing

Kartoffeln, Gemüsebrühe (Garflüssigkeit), Zitronensaft, Öl und Senf zu einem glatten Dressing mixen. Zitronenschale unterrühren. Dressing mit wenig Salz und Pfeffer abschmecken.

Salate, Salate, Salate

Das cremige Kartoffeldressing passt zu fein geraspelten Kohlrabi und Roten Beeten (Roten Rüben) oder zu Feldsalat (Vogerlsalat) mit Champignons und Kresse.

- 100 g gekochte mehlige Kartoffeln, grob gerieben
- 150 ml Gemüsebrühe (Garflüssigkeit siehe oben)
- 2-3 EL Zitronensaft
- 1 EL Öl
- 1-2 TL Senf
- 1/2 TL Bio-Zitronenschale, fein gehackt
- Salz
- Pfeffer

Suppen

Grüner Suppentopf mit Paprika-Dip

Das Öl in einem beschichteten Topf erhitzen. Zwiebel darin bei milder Hitze weich und glasig dünsten. Petersilie unterrühren, kurz andünsten. Mit Gemüsebrühe aufgießen, mit Muskat würzen.

Suppe zum Kochen bringen. Petersilienwurzel und grüne Bohnen dazugeben, 5 Minuten köcheln. Kohlrabi, Brokkoli und Lauch dazugeben. 5 Minuten köcheln. Zucchini untermischen, 2 Minuten köcheln. Suppe vom Herd nehmen, mit wenig Salz und Pfeffer abschmecken. Basilikum untermischen. Zur Suppe schmeckt der Paprika-Dip (siehe unten).
Pro Portion: 103 kcal, 6 g F, 5 g E, 8 g KH, 0 mg Chol

Für 4 Portionen
- 2 EL Öl
- 1 Zwiebel, fein gehackt
- 1 Bund Petersilie, fein gehackt
- 1,2 l Gemüsebrühe (Gemüsesuppe)
- Muskat
- 50 g Petersilienwurzel, kleine Würfel
- 150 g grüne Bohnen (Fisolen), Stücke
- 150 g Kohlrabi, feine Stifte
- 150 g Brokkoli, kleine Röschen
- 100 g Lauch, feine Streifen
- 100 g Zucchini, dünne Scheiben
- 1 Bund Basilikum, fein geschnitten
- Salz, Pfeffer
- Paprika-Dip (Rezept siehe unten)

Paprika-Dip

Backofen auf 200 °C Ober- und Unterhitze (180 °C Heißluft, Gas Stufe 3-4) vorheizen. Die ganzen Paprika auf den Rost legen und im vorgeheizten Ofen 20 Minuten braten, bis die Haut stellenweise Blasen wirft und sich dunkelbraun verfärbt.

Paprika zugedeckt in einer Schüssel abkühlen lassen, dann löst sich die Haut leicht. Paprika über einer Schüssel anstechen, Saft auffangen. Paprika abziehen, Stielansatz und Trennwände entfernen. Fruchtfleisch in Stücke schneiden.

Mit dem Mixstab Paprika, Paprikasaft, Öl, Zitronenschale und Muskat fein pürieren. Mit Pfeffer und wenig Salz abschmecken.
Pro Portion: 37 kcal, 3 g F, 1 g E, 2 g KH, 0 mg Chol

- 2 rote Paprika
- 1 EL Olivenöl
- 1/2 TL Bio-Zitronenschale, fein gehackt
- Muskat
- Pfeffer
- Salz

Dieser Dip passt zu vielen Speisen
Er wird in Suppen gerührt, schmeckt zu Ofenkartoffeln (S. 108) und wird zu Gemüse gereicht, z.B. zum Schmortopf mit grünen Bohnen (S. 105) oder zum Blumenkohl-Curry (S. 93).

Tomatensuppe mit Zucchini-Croûtons

Tomaten, Zwiebel, Knoblauch, Olivenöl, Oregano, Thymian, Lorbeerblätter, Salz und Pfeffer in einen großen Topf geben. Zuerst alles zugedeckt langsam erhitzen, dabei bildet sich reichlich Tomatensaft. Dann die Suppe zugedeckt ca. 15 Minuten köcheln.

Tomatensuppe vom Herd nehmen, Oregano, Thymian und Lorbeerblätter entfernen. Suppe mit dem Mixstab fein pürieren und durch ein Sieb streichen. Tomatensuppe nochmals kurz erhitzen, Basilikum untermischen. Suppe portionsweise anrichten, mit Zucchini-Croûtons bestreuen.
Pro Portion: 138 kcal, 7 g F, 5 g E, 12 g KH, 0 mg Chol

Für 4 Portionen
- 1,2 kg reife Tomaten, große Stücke
- 1 Zwiebel, grob gehackt
- 3 Knoblauchzehen, grob gehackt
- 2 EL Olivenöl
- 4 Zweigchen frischer Oregano
- 4 Zweigchen frischer Thymian
- 2 Lorbeerblätter
- Salz
- Pfeffer
- 1 Bund Basilikum, fein geschnitten
- Zucchini-Croûtons (Rezept siehe unten)

Zucchini-Croûtons

Olivenöl in einer beschichteten Pfanne erhitzen. Zucchiniwürfel und Koriander darin nur sehr kurz unter Rühren braten. Die Zucchiniwürfel müssen dabei knackig bleiben.

- 1/2 EL Olivenöl
- 250 g feste Zucchini, sehr kleine Würfel
- 1/2 TL Koriander, grob zerstoßen

Brokkoli-Mandel-Cremesuppe

Für 4 Portionen

- 1,2 l Gemüsebrühe (Gemüsesuppe)
- 200 g mehlige Kartoffeln, kleine Stücke
- 150 g Lauch, feine Ringe
- 300 g Brokkoli, kleine Röschen
- 1 Stk. Bio-Zitronenschale
- je ein 1/2 TL Thymian, Basilikum
- Muskat
- 1/2 Bund Petersilie, fein gehackt
- 2 EL Mandelmus (oder gehackte Mandeln)
- 1 EL Zitronensaft
- Salz

Gemüsebrühe zum Kochen bringen. Kartoffeln und Lauch dazugeben, zugedeckt ca. 8 Minuten köcheln. Brokkoli, Zitronenschale, Thymian, Basilikum und Muskat unterrühren. Suppe zugedeckt ca. 6 Minuten köcheln. Der Brokkoli soll weich sein, aber noch einen leichten Biss haben.

Suppe vom Herd nehmen. Petersilie, Mandelmus und Zitronensaft untermischen. Suppe mit dem Mixstab fein pürieren. Bei Bedarf ein wenig salzen.
Pro Portion: 91 kcal, 3 g F, 6 g E, 9 g KH, 0 mg Chol

Gemüsetopf mit Spargel und Kerbel

Für 4 Portionen

- 2 EL Öl
- 1 Zwiebel, fein gehackt
- 1/2 Bund Petersilie, fein gehackt
- 1,2 l Gemüsebrühe (Gemüsesuppe)
- 400 g weißer Spargel, kleine Stücke
- 150 g Karotten, dünne Scheiben
- 100 g Lauch, feine Ringe
- 1/2 TL abgeriebene Bio-Zitronenschale
- Muskat
- 2 TL Liebstöckel, fein gehackt
- Salz, Pfeffer
- 1 Bund Kerbel (oder Basilikum), fein gehackt

Öl in einem Topf erhitzen. Zwiebel darin bei milder Hitze glasig dünsten. Petersilie unterrühren und kurz andünsten.

Mit Gemüsebrühe aufgießen. Zum Kochen bringen und zugedeckt 10 Minuten köcheln. Spargel, Karotten, Lauch, Zitronenschale, Muskat und Liebstöckel dazugeben. Suppentopf zugedeckt ca. 9 Minuten köcheln. Das Gemüse soll weich sein, aber noch einen leichten Biss haben. Suppe vom Herd nehmen, mit wenig Salz und Pfeffer abschmecken, Kerbel untermischen.
Pro Portion: 96 kcal, 5 g F, 4 g E, 7 g KH, 0 mg Chol

Steinpilz-Kartoffel-Suppe

Steinpilze in 250 ml warmem Wasser 20 Minuten einweichen, abgießen, Einweichwasser auffangen. Einige schöne Stücke ganz lassen, restliche Steinpilze hacken. Einweichwasser durch ein feines Sieb gießen.

Öl in einem beschichteten Topf erhitzen. Zwiebel darin zuerst bei milder Hitze weich dünsten, dann unter Rühren goldgelb braten. Muskat dazugeben, kurz anrösten. Steinpilze, Lauch und Kartoffeln dazugeben, kurz unter Rühren anbraten, Champignons und die Hälfte Petersilie unterrühren, kurz unter Rühren anbraten.

Mit Gemüsebrühe und Einweichwasser aufgießen, mit Zitronenschale, Liebstöckel und Lorbeer würzen. Die Suppe zugedeckt ca. 10 Minuten köcheln.

Einige große Steinpilzstücke und das Lorbeerblatt aus der Suppe fischen. Mit dem Mixstab die Suppe mit der restlichen Petersilie fein pürieren. Suppe portionsweise anrichten, mit Steinpilzen und roten Pfefferbeeren garnieren.

Pro Portion: 130 kcal, 6 g F, 6 g E, 13 g KH, 0 mg Chol

Für 4 Portionen

- 20 g getrocknete Steinpilze
- 2 EL Öl
- 1 Zwiebel, fein gehackt
- Muskat
- 100 g Lauch, feine Ringe
- 200 g mehlige Kartoffeln, kleine Würfel
- 250 g Champignons, feine Scheiben
- 1 Bund Petersilie, fein gehackt
- 1 l Gemüsebrühe (Gemüsesuppe)
- 1 Stk. Bio-Zitronenschale
- 1/2 TL Liebstöckel
- 1 Lorbeerblatt
- Rote Pfefferbeeren

Pastinaken-Cremesuppe

Gemüsebrühe mit Öl zum Kochen bringen. Pastinaken, Kartoffeln und Frühlingszwiebeln dazugeben, mit Galgant und Ingwer würzen. Suppe ca. 10 Minuten köcheln, die Pastinaken und Kartoffeln sollen weich sein. Suppe mit dem Mixstab fein pürieren, mit Petersilie bestreuen.

Pro Portion: 88 kcal, 5 g F, 2 g E, 7 g KH, 0 mg Chol

Für 4 Portionen

- 1 l Gemüsebrühe, 2 EL Öl
- 400 g Pastinaken, kleine Stücke
- 50 g Kartoffeln, kleine Stücke
- 8 Frühlingszwiebeln, Ringe
- 1/4 TL Galgant
- 1 TL Ingwer, fein gehackt
- 1/2 Bund Petersilie, fein gehackt

Minestrone mit Basilikum-Zucchini-Pesto

Öl in einem beschichteten Topf erhitzen. Zwiebel und Knoblauch darin bei milder Hitze zuerst glasig und weich dünsten, dann unter Rühren goldgelb braten. Gemüsebrühe dazugeben, zum Kochen bringen. Zugedeckt 10 Minuten köcheln.

Karotten und Kartoffeln dazugeben, zugedeckt 4 Minuten köcheln. Fenchel, Blumenkohl, Oregano, Thymian und Lorbeer dazugeben, zugedeckt 10 Minuten köcheln.

Tomaten in einem kleinen Topf zu einer dicken Soße einkochen, mit der Minestrone vermischen. Alles noch 3 Minuten köcheln. Mit wenig Salz und Pfeffer abschmecken. Frühlingszwiebeln unterrühren. Minestrone portionsweise mit dem Basilikum-Zucchini-Pesto (siehe unten) anrichten.

Pro Portion: 131 kcal, 6 g F, 5 g E, 15 g KH, 0 mg Chol

Besser bekömmlich – Zwiebeln 10 Minuten allein köcheln

Weich gedünstete und gebratene Zwiebeln, noch bevor das Gemüse in den Topf kommt, 10 Minuten in der Brühe köcheln. Dann können sie ihr rundes Aroma voll entfalten und sind auch gut bekömmlich.

Für 4 Portionen

- 1 EL Olivenöl
- 1 große Zwiebel, fein gehackt
- 2 Knoblauchzehen, fein gehackt
- 1,25 l Gemüsebrühe (Gemüsesuppe)
- 150 g Karotten, dünne Scheiben
- 150 g Kartoffeln, kleine Würfel
- 1 kleine Fenchelknolle, kleine Würfel
- 150 g Blumenkohl (Karfiol), kleine Röschen
- 1 TL Oregano
- 1 TL Thymian
- 1 Lorbeerblatt
- 3 Tomaten, abgezogen, Stücke
- Salz
- Pfeffer
- 2 Frühlingszwiebeln, feine Ringe
- Basilikum-Zucchini-Pesto (Rezept siehe unten)

Basilikum-Zucchini-Pesto

Basilikum, Zucchini, Knoblauch, Mandeln, Olivenöl, Zitronensaft und Zitronenschale im Cutter (Multizerkleinerer) zu einer glatten Paste verarbeiten. Pesto mit Salz und Pfeffer abschmecken.

Pro Portion: 60 kcal, 5 g F, 1 g E, 2 g KH, 0 mg Chol

- 1 Bund Basilikum, grob geschnitten
- 50 g Zucchini, fein geraspelt
- 1 Knoblauchzehe, fein gehackt
- 2 EL Mandeln, fein gehackt
- 1 EL Olivenöl
- 1-2 EL Zitronensaft
- 1/4 TL abgeriebene Bio-Zitronenschale
- Salz
- Pfeffer

Borschtsch mit Wurzelgemüse

Für 4 Portionen

- 2 EL Öl
- 1 Zwiebel, fein gehackt
- 2 Knoblauchzehen, fein gehackt
- Muskat, Pimentkörner
- 1,2 l Gemüsebrühe (Gemüsesuppe)
- je 150 g Rote Beete (Rote Rübe), festkochende Kartoffeln, Sellerie und Karotten, kleine Stücke
- 100 g Petersilienwurzel, feine Stifte
- 1/2 TL Galgant
- 1/2 TL Ysop
- 2 Lorbeerblätter
- 1 Stk. Bio-Zitronenschale
- 1-2 EL Zitronensaft
- 2 EL Dill, fein geschnitten

Öl in einem beschichteten Topf erhitzen. Zwiebeln darin bei milder Hitze langsam glasig dünsten. Knoblauch, Muskat und Piment dazugeben, unter Rühren kurz anrösten. Mit Gemüsebrühe aufgießen.

Gemüsebrühe zum Kochen bringen. Rote Beete, Kartoffeln, Sellerie, Karotten, Petersilienwurzel, Galgant, Ysop, Lorbeerblatt und Zitronenschale dazugeben. Borschtsch ca. 15 Minuten köcheln. Das Gemüse soll weich mit Biss sein. Borschtsch mit Zitronensaft abschmecken, mit Dill bestreuen.

Pro Portion: 130 kcal, 6 g F, 4 g E, 16 g KH, 0 mg Chol

Chinesischer Suppentopf

Für 4 Portionen

- 1,25 l Gemüsebrühe (Gemüsesuppe)
- 1 EL Sojasoße
- 1 TL frischer Ingwer, fein gehackt
- 1 TL geröstetes Sesamöl
- 1 EL Öl
- 150 g Karotten, sehr dünne Scheiben
- 150 g junger Weißkohl, feine Streifen
- je 100 g Lauch und Champignons, dünne Scheiben
- 70 g Mungsprossen („Sojasprossen“)
- 2 EL frischer Koriander (oder Petersilie), fein gehackt
- 2 TL gerösteter Sesam

Gemüsebrühe schwach salzen, zum Kochen bringen, mit Sojasoße, Ingwer und Sesamöl würzen. In einem Wok oder einer beschichteten Pfanne 1/2 EL Öl erhitzen. Karotten und Weißkohl darin kurz unter Rühren braten, in die Suppe geben und köcheln.

Restliches Öl erhitzen. Lauch, Champignons und Mungsprossen darin kurz unter Rühren braten, in die Suppe geben und kurz köcheln. Suppe portionsweise anrichten, mit Koriander und Sesam bestreuen.

Pro Portion: 88 kcal, 5 g F, 4 g E, 6 g KH, 0 mg Chol

Petersilien-Lauch-Zucchini-Suppe mit Tomatentupfen

Gemüsesuppe zum Kochen bringen. Kartoffeln, Petersilienwurzel, Öl, Muskat und Liebstöckel dazugeben. Suppe ca. 8 Minuten köcheln. Lauch dazugeben, 3 Minuten köcheln. Zucchini untermischen, 3 Minuten köcheln.

Suppe vom Herd nehmen und die Petersilie untermischen. Suppe mit dem Mixstab fein pürieren. Besonders appetitlich: die Suppe portionsweise anrichten und mit Tomatentupfen (siehe unten) garnieren.
Pro Portion: 110 kcal, 6 g F, 4 g E, 11 g KH, 0 mg Chol

Für 4 Portionen

- 1,2 l Gemüsebrühe (Gemüsesuppe)
- 200 g Kartoffeln, kleine Stücke
- 1 kleine Petersilienwurzel, feine Stifte
- 2 EL Öl
- Muskat oder Galgant
- 1/2 TL Liebstöckel
- 200 g Lauch, dünne Ringe
- 200 g Zucchini, kleine Stücke
- 1 großer Bund Petersilie, gehackt
- Tomatentupfen (Rezept siehe unten)

Tomatentupfen

Backofen auf 180 °C Ober- und Unterhitze (160 °C Heißluft, Gas Stufe 3-4) vorheizen. Tomaten nebeneinander mit der Schnittfläche nach oben auf ein Backblech setzen, mit Oregano bestreuen, im vorgeheizten Ofen 20 Minuten garen. Die Haut der Tomaten abziehen. Fruchtfleisch mit dem Mixstab pürieren. Dip mit wenig Salz und Pfeffer abschmecken.
Pro Portion: 24 kcal, 1 g F, 1 g E, 2 g KH, 0 mg Chol

Farbe in die Suppe!
Der strahlend rote Dip verwandelt auch die einfachste Suppe in eine festliche Vorspeise. Besonders gut schmecken damit Kartoffel-, Sellerie-, Blumenkohl- oder Kürbiscremesuppen. Aber nicht nur in Suppen, auch zu Ofenkartoffeln (S. 108) schmeckt dieser Dip gut.

- 2 Tomaten, halbiert
- 1/2 TL Oregano
- Salz
- Pfeffer

Karotten-Orangen-Suppe mit Ingwer

Öl in einem beschichteten Topf erhitzen. Zwiebel darin bei milder Hitze weich und glasig dünsten. Zimt, Muskat und Chili dazugeben, alles unter Rühren kurz anrösten. Mit Gemüsebrühe aufgießen.

Gemüsebrühe zum Kochen bringen und 10 Minuten zugedeckt köcheln. Karotten, Ingwer, Orangen- und Zitronenschale dazugeben. Karotten zugedeckt ca. 12 Minuten weich mit Biss köcheln.

Suppe vom Herd nehmen, Orangensaft und Zitronensaft untermischen. Suppe mit dem Mixstab fein pürieren, mit wenig Salz abschmecken, mit Koriander bestreut servieren.

Pro Portion: 108 kcal, 6 g F, 2 g E, 12 g KH, 0 mg Chol

Für 4 Portionen

- 2 EL Öl
- 1 Zwiebel, fein gehackt
- 1/4 TL Zimt
- Muskat
- Chilipulver
- 800 ml Gemüsebrühe (Gemüsesuppe)
- 500 g Karotten, dünne Scheiben
- 1 1/2 TL frischer Ingwer, fein gehackt
- Abgeriebene Schale von 1/4 Bio-Orange und 1/4 Bio-Zitrone
- Saft von 1 Orange
- 1 EL Zitronensaft
- Salz
- 2 EL frischer Koriander (oder Petersilie), fein gehackt

Grüne Blumenkohlsuppe

Öl in einem beschichteten Topf erhitzen. Zwiebel darin bei milder Hitze glasig und weich dünsten. Kartoffeln, Muskat und Koriander untermischen, alles kurz unter Rühren anrösten. Mit Gemüsebrühe aufgießen, mit Liebstöckel und Zitronenschale würzen. Suppe zum Kochen bringen und zugedeckt 12 Minuten köcheln.

Blumenkohl dazugeben und zugedeckt 8 Minuten köcheln. Suppe vom Herd nehmen, Petersilie untermischen. Suppe mit dem Mixstab fein pürieren, mit Zitronensaft, wenig Salz und Pfeffer abschmecken.

Pro Portion: 120 kcal, 6 g F, 5 g E, 12 g KH, 0 mg Chol

Für 4 Portionen

- 2 EL Öl
- 1 Zwiebel, fein gehackt
- 200 g mehlige Kartoffeln, kleine Stücke
- Muskat, 1/2 TL Koriander
- 1,2 l Gemüsebrühe (Gemüsesuppe)
- 1 TL Liebstöckel
- 1 Stk. Bio-Zitronenschale
- 400 g Blumenkohl (Karfiol), kleine Röschen
- 1 Bund Petersilie, fein gehackt
- 1-2 EL Zitronensaft
- Salz, Pfeffer

Spinat-Kartoffel-Suppe mit Kräutern

Für 4 Portionen

- 1 l Gemüsebrühe (Gemüsesuppe)
- 250 g mehlige Kartoffeln, Stücke
- 2 Knoblauchzehen
- 2 EL Olivenöl
- Muskat
- Schale von 1/4 Bio-Zitrone
- 200 g Spinat (auch tiefgefroren)
- Salz, Pfeffer
- 1 Bund Basilikum, fein geschnitten
- 2 Zweigchen Oregano, fein gehackt
- 2 Zweigchen Thymian, fein gehackt
- 1 EL Zitronensaft

Gemüsebrühe mit Kartoffeln, Knoblauch, Olivenöl, Muskat und Zitronenschale zum Kochen bringen. Zugedeckt 20 Minuten leicht kochen. Spinat unterrühren. Mit wenig Salz und Pfeffer würzen. Suppe 3 Minuten leicht kochen.

Mit dem Mixstab die Suppe mit Basilikum, Oregano und Thymian fein pürieren. Mit Zitronensaft abschmecken.
Pro Portion: 107 kcal, 5 g F, 3 g E, 11 g KH, 0 mg Chol

Kürbis-Tomaten-Paprika-Suppe

Für 4 Portionen

- 2 EL Olivenöl
- 1 Zwiebel, fein gehackt
- 1 Knoblauchzehe, fein gehackt
- 1/2 TL Koriander
- 1/4 TL Zimt
- Piment, Muskat
- 400 g Kürbis (Muskat, Hokkaido, Butternuss), Stücke
- 1 roter Paprika, kleine Stücke
- 300 g Tomaten, abgezogen, Stücke
- 500 ml Gemüsebrühe (Gemüsesuppe)
- Salz, Pfeffer
- 2 Zweigchen Minze, fein geschnitten

Öl in einem beschichteten Topf erhitzen. Zwiebel und Knoblauch darin bei milder Hitze glasig und weich dünsten. Koriander, Zimt, Piment und Muskat untermischen, unter Rühren kurz anrösten. Kürbis, Paprika und Tomaten dazugeben, leicht salzen und kurz andünsten. Mit der Gemüsebrühe aufgießen und zugedeckt ca. 20 Minuten köcheln, bis der Kürbis weich ist.

Die Suppe mit dem Mixstab pürieren, mit wenig Salz und Pfeffer abschmecken, mit Minze bestreut servieren.
Pro Portion: 97 kcal, 5 g F, 3 g E, 9 g KH, 0 mg Chol

Kürbissuppe mit Birnen und Zitronen-Sellerie-Dip

Eine Birne in kleine Stücke schneiden. Die andere Birne kurz vor dem Servieren in feine Spalten schneiden.

Öl in einem beschichteten oder gusseisernen Topf erhitzen. Zwiebel darin bei milder Hitze zuerst weich und glasig dünsten, dann unter Rühren goldgelb braten. Muskat, Koriander und Zimt dazugeben, kurz unter Rühren anrösten.

Kürbis und Kartoffeln dazugeben, leicht salzen, 3 Minuten andünsten, mit Gemüsebrühe aufgießen, mit Ingwer und Zitronenschale würzen. Birnenstückchen dazugeben. Suppe zugedeckt ca. 10 Minuten köcheln.

Suppe mit Zitronensaft fein pürieren, mit wenig Salz und Pfeffer abschmecken. Die Suppe portionsweise anrichten und mit Birnenspalten und Minze garnieren. Besonders gut: einen Klacks Zitronen-Sellerie-Dip (siehe unten) in die Suppe rühren.
Pro Portion 128 kcal, 5 g F, 2 g E, 17 g KH, 0 mg Chol

Für 4 Portionen

- 2 saftige, säuerliche Birnen
- 2 EL Rapsöl
- 1 Zwiebel, fein gehackt
- Muskat
- 1/2 TL gemahlener Koriander
- 1/4 TL gemahlener Zimt
- 500 g Muskat- oder Hokkaido-Kürbis, kleine Stücke
- 50 g mehlige Kartoffeln, kleine Stücke
- 600 ml Gemüsebrühe (Gemüsesuppe)
- 2 TL frischer Ingwer, fein gehackt
- Abgeriebene Schale von 1/2 Bio-Zitrone
- 1-2 EL Zitronensaft
- Salz, Pfeffer
- 1 EL frische Minze, fein geschnitten
- Zitronen-Sellerie-Dip (Rezept siehe unten)

Zitronen-Sellerie-Dip

Sellerie und Kartoffeln mit der Gemüsebrühe zum Kochen bringen. Mit Muskat und Galgant würzen, zugedeckt ca. 8 Minuten köcheln. Alles mit dem Mixstab fein pürieren. Mandelmus, Zitronenschale und Zitronensaft untermischen. Dip mit wenig Salz und Pfeffer abschmecken und zu Suppen reichen.
Pro Portion: 23 kcal, 1 g F, 1 g E, 3 g KH, 0 mg Chol

- 100 g Sellerie, kleine Würfel
- 50 g Kartoffeln, kleine Würfel
- 150 ml Gemüsebrühe
- Muskat, Galgant
- 1 TL Mandelmus oder gehackte Mandeln
- Abgeriebene Schale von 1/2 Zitrone
- 1-2 EL Zitronensaft
- Salz, Pfeffer

Zucchini-Frühlingszwiebel-Suppe

Öl in einem beschichteten Topf erhitzen. Frühlingszwiebeln darin unter Rühren kurz andünsten. Zucchini und Muskat untermischen, leicht salzen und kurz andünsten. Mit der Gemüsebrühe aufgießen.

Suppe zum Kochen bringen, mit Zitronenschale und Ingwer würzen, zugedeckt ca. 3 Minuten köcheln. Die Zucchini sollen noch einen leichten Biss haben. Suppe vom Herd nehmen. Kerbel untermischen. Suppe mit dem Mixstab fein pürieren, mit Zitronensaft und Pfeffer abschmecken.
Pro Portion: 45 kcal, 1 g F, 3 g E, 7 g KH, 0 mg Chol

Für 4 Portionen
- 1 EL Öl
- 7 Frühlingszwiebeln, dünne Ringe
- 500 g Zucchini, kleine Stücke
- Muskat, Salz
- 800 ml Gemüsebrühe (Gemüsesuppe)
- 2 TL Bio-Zitronenschale, fein gehackt
- 1 TL frischer Ingwer, fein gehackt
- 1 Bund Kerbel, fein gehackt
- 1-2 EL Zitronensaft
- Pfeffer

Brennnessel-Sellerie-Kartoffel-Suppe

Gemüsebrühe mit Kartoffeln, Sellerie, Frühlingszwiebeln und Zitronenschale zum Kochen bringen. Zugedeckt ca. 12 Minuten köcheln, bis die Kartoffeln weich sind. Suppe mit dem Mixstab fein pürieren.

Öl in einer beschichteten Pfanne erhitzen. Brennnesseln darin unter Rühren braten, bis sie zusammenfallen. Danach fein hacken. Brennnesseln, Muskat und Liebstöckel mit der Suppe vermischen. Suppe noch 3 Minuten köcheln, mit Zitronensaft, Pfeffer und wenig Salz abschmecken.
Pro Portion: 111 kcal, 3 g F, 4 g E, 15 g KH, 0 mg Chol

Für 4 Portionen
- 1,2 l Gemüsebrühe (Gemüsesuppe)
- 250 g mehlige Kartoffeln, kleine Stücke
- 200 g junge Selleriewurzel, kleine Stücke
- 7 Frühlingszwiebeln, dünne Ringe
- 1 Stk. Bio-Zitronenschale
- 1 EL Öl
- 150 g junge Brennnesselblätter
- Muskat
- 1/2 TL Liebstöckel
- 1-2 EL Zitronensaft
- Pfeffer, Salz

Brunnenkresse-Kohlrabi-Suppe

Für 4 Portionen

- 2 EL Öl
- 1 Zwiebel, fein gehackt
- 800 ml Gemüsebrühe (Gemüsesuppe)
- 300 g junge Kohlrabi, kleine Stücke
- Muskat
- 150 g Brunnenkresse, fein geschnitten
- Salz
- Pfeffer

Öl in einem beschichteten Topf erhitzen. Zwiebel darin bei milder Hitze weich und glasig dünsten. Mit Gemüsebrühe aufgießen. Zum Kochen bringen und 10 Minuten zugedeckt köcheln.

Kohlrabi dazugeben, mit Muskat würzen, zugedeckt ca. 5 Minuten köcheln, bis die Kohlrabi weich mit Biss sind. Brunnenkresse in die Suppe rühren. Suppe vom Herd nehmen, mit dem Mixstab fein pürieren, mit wenig Salz und Pfeffer abschmecken.
Pro Portion: 83 kcal, 5 g F, 3 g E, 6 g KH, 0 mg Chol

Zitronenwürzige Wirsingsuppe

Für 4 Portionen

- 2 EL Öl
- 1 Zwiebel, fein gehackt
- Muskat
- 1/2 TL Kümmel, grob zerstoßen
- 50 g Kartoffeln, kleine Würfel
- 500 g Wirsing (Kohl), feine Streifen
- 1 Bund Petersilie, fein gehackt
- Salz
- 1 l Gemüsebrühe (Gemüsesuppe)
- 1-2 EL Zitronensaft
- Pfeffer

Das Öl in einem beschichteten Topf erhitzen. Zwiebel darin bei milder Hitze weich und glasig dünsten. Muskat und Kümmel untermischen, kurz anrösten. Kartoffeln, Wirsing und die Hälfte der Petersilie dazugeben, leicht salzen und unter Rühren kurz anbraten.

Mit der Gemüsesuppe aufgießen. Suppe zum Kochen bringen, zugedeckt 12 Minuten köcheln. Suppe von Herd nehmen, restliche Petersilie und Zitronensaft untermischen. Wirsingsuppe mit dem Mixstab fein pürieren, mit Pfeffer abschmecken.
Pro Portion: 101 kcal, 6 g F, 5 g E, 8 g KH, 0 mg Chol

Rote-Beete-Suppe mit Kokos und Curry

Currypulver in einem Topf kurz unter Rühren anrösten, bis ein angenehmer Duft aufsteigt. Gemüsebrühe, Zwiebel und Knoblauch dazugeben. Suppe zum Kochen bringen und zugedeckt 10 Minuten köcheln.

Kartoffeln, Rote Beete, Petersilienwurzel, Zitronenschale und Ingwer untermischen. Suppe zugedeckt ca. 10 Minuten köcheln, bis die Rote Beete fast weich sind. Kokosmilch untermischen. Suppe noch 5 Minuten leicht köcheln. Einige Rote-Beete-Würfelchen für die Garnitur beiseitestellen. Suppe mit dem Mixstab fein pürieren.

Suppe mit Limettensaft, Salz und Chili abschmecken, mit Rote-Beete-Würfelchen, Kokosspänen, Zitronenzesten und Koriander garnieren.
Pro Portion: 130 kcal, 7 g F, 3 g E, 13 g KH, 0 mg Chol

Für 4 Portionen

- 1 TL Currypulver
- 900 ml Gemüsebrühe (Gemüsesuppe)
- 1 Zwiebel, fein gehackt
- 3 Knoblauchzehen, fein gehackt
- 150 g Kartoffeln, kleine Würfel
- 300 g Rote Beete (Rote Rübe), kleine Würfel
- 1 kleine Petersilienwurzel, feine Stifte
- 1 Stk. Bio-Zitronenschale
- 1 TL frischer Ingwer, fein gehackt
- 200 ml Kokosmilch
- 1-2 EL Limettensaft
- Salz
- Chilipulver

Garnitur

- Späne von frischer Kokosnuss
- Zitronenzesten
- 4 Zweigchen frischer Koriander

Gemüse

Artischocken mit Kräuter-Zitrusette

Stiele der Artischocken etwas abschneiden und die kleinen abstehenden Blättchen am Artischockenboden entfernen. Salzwasser mit Zitronenscheiben zum Kochen bringen. Artischocken darin ca. 30 Minuten zugedeckt köcheln. Die Artischocken sind gar, wenn sich die Blättchen leicht herausziehen lassen. Artischocken aus dem Wasser heben und gut abtropfen lassen.

Für die Zitrusette den Zitronensaft mit Zitronenschale, Gemüsebrühe, Olivenöl, Knoblauch und Kräutern vermischen. Zitrusette mit wenig Salz und Pfeffer abschmecken. Zu den Artischocken reichen.
Pro Portion: 113 kcal, 5 g F, 6 g E, 10 g KH, 0 mg Chol

Köstliche Anregung für Leber und Galle

Artischocken wurden 2003 zur Heilpflanze des Jahres gewählt. Sie fördern sanft die Verdauung, wirken cholesterinspiegelsenkend und regen mit dem Bitterstoff Cynarin den Stoffwechsel von Leber und Galle an. Artischocken schmecken mit einem würzigen Dip als Vorspeise, eignen sich aber in Begleitung von Ofenkartoffeln (S. 108) auch als Hauptspeise.

Für 2 Portionen

- 2 Artischocken
- Salz
- 4 Zitronenscheiben

Soße

- Saft von 1/2 Zitrone
- 1 TL Bio-Zitronenschale, fein gehackt
- 4 EL kalte Gemüsebrühe (Gemüsesuppe)
- 1 EL Olivenöl
- 1 Knoblauchzehe, fein gehackt
- 4 EL frische Kräuter, fein gehackt (Petersilie, Basilikum, Minze, Dill, Oregano, Koriander)
- Salz
- Pfeffer

Alles grün – Sekunden-Spinat mit Brokkoli

Für 2 Portionen
- 400 g Brokkoli, sehr kleine Röschen
- 1 EL Olivenöl
- 2 Knoblauchzehen, feine Scheiben
- 100 g junger Blattspinat
- Salz
- Pfeffer

Brokkoli in einem Siebeinsatz über Wasserdampf ca. 5 Minuten bissfest garen.

Öl in einer großen Pfanne erhitzen, Knoblauch darin kurz unter Rühren anbraten. Spinat untermischen, leicht salzen und nur so lange unter Rühren braten, bis die Blättchen zusammenfallen. Brokkoli und Spinat vermischen, mit wenig Salz und Pfeffer abschmecken. Die Zucchini-Kräuter-Soße dazu reichen (siehe unten).

Pro Portion: 54 kcal, 3 g F, 4 g E, 3 g KH, 0 mg Chol

Zucchini-Kräuter-Soße

Für 2 Portionen
- 1/2 EL ÖL
- 1/2 Zwiebel, fein gehackt
- 1/2 Bund Petersilie, fein gehackt
- 150 g Zucchini, kleine Würfel
- 200 ml Gemüsebrühe (Gemüsesuppe)
- Muskat
- 1/2 Bund Basilikum, fein geschnitten
- 1-2 EL Zitronensaft
- 1/2 TL abgeriebene Bio-Zitronenschale
- Salz
- Pfeffer

Öl in einem kleinen beschichteten Topf erhitzen. Zwiebel darin bei milder Hitze weich und glasig dünsten. Die Hälfte der Petersilie dazugeben, unter Rühren kurz andünsten. Zucchini hinzufügen, kurz andünsten, mit Gemüsebrühe aufgießen, mit Muskat würzen und zugedeckt ca. 4 Minuten köcheln. Die Zucchini sollen weich, aber mit Biss sein.

Mit dem Mixstab Zucchini, Kochflüssigkeit, restliche Petersilie, Basilikum, Zitronensaft und Zitronenschale fein pürieren. Soße mit wenig Salz und Pfeffer abschmecken.

Pro Portion: 68 kcal, 3 g F, 3 g E, 7 g KH, 0 mg Chol

Grüne Blättchen mit viel Basen-Power

Grünes Blattgemüse und frische Kräuter sind extrastarke Basenbildner. Darum das Gesunde mit dem Genussvollen verbinden und dieses Blitzgericht im Frühling, wenn der erste junge Spinat und frische Kräuter angeboten werden, öfters zubereiten.

Gemüse aus dem Dampf mit Zitronen-Mandel-Soße

Lauch, Zucchini, Karotten, Gelbe Rüben und Brokkoli zugedeckt über Wasserdampf in 5–7 Minuten bissfest dämpfen (bzw. im Dampfgarer laut Anleitung).

Für die Soße in einem kleinen Topf die Gemüsebrühe mit Mandelmus, Zitronensaft, Zitronenschale und Muskat vermischen, unter Rühren erhitzen, Kräuter unterrühren und mit wenig Salz und Pfeffer abschmecken. Zum gedämpften Gemüse servieren. Dazu schmeckt das Sellerie-Kartoffel-Püree (siehe unten).
Pro Portion: 130 kcal, 6 g F, 7 g E, 11 g KH, 0 mg Chol

Für 2 Portionen
- 100 g Lauch, dünne Ringe
- 100 g Zucchini, dicke Scheiben
- 100 g Karotten, dünne Scheiben
- 100 g Gelbe Rüben, dünne Scheiben
- 100 g Brokkoli, kleine Röschen

Soße
- 200 ml Gemüsebrühe (Gemüsesuppe)
- 2 EL weißes Mandelmus
- 1-2 EL Zitronensaft
- 1/2 TL abgeriebene Zitronenschale
- Muskat
- 2 EL gehackte Kräuter (Petersilie, Dill, Minze)
- Salz
- Pfeffer

Sellerie-Kartoffel-Püree

Gemüsebrühe mit Öl und Muskat zum Kochen bringen. Sellerie und Kartoffeln dazugeben und zugedeckt weich köcheln. (Bei Bedarf noch ein wenig Gemüsebrühe zugießen.) Am Ende der Garzeit soll fast die ganze Gemüsebrühe verkocht sein.

Mit dem Kartoffelstampfer Sellerie und Kartoffeln zu Püree verarbeiten. Püree mit Muskat und wenig Salz abschmecken.
Pro Portion: 125 kcal, 3 g F, 4 g E, 20 g KH, 0 mg Chol

Für 2 Portionen
- 150 ml Gemüsebrühe (Gemüsesuppe)
- 1 TL Öl
- Muskat oder Galgant
- 150 g Sellerie, kleine Würfel
- 250 g mehlige Kartoffeln, kleine Stücke
- Salz

Kohlrabi mit Frühlingszwiebelsoße

Für die Soße das Öl in einem beschichteten, kleinen Topf erhitzen. Frühlingszwiebeln darin unter Rühren kurz anbraten. Sellerie dazugeben, kurz andünsten, mit der Gemüsebrühe aufgießen, mit Zitronenschale, Muskat und Liebstöckel würzen und zugedeckt ca. 12 Minuten köcheln. Soße vom Herd nehmen, Petersilie und Zitronensaft dazugeben und alles mit dem Mixstab fein pürieren.

In der Garzeit der Soße die Kohlrabi zubereiten. Dafür das Öl in einer beschichteten Pfanne erhitzen. Kohlrabi dazugeben, kurz unter Rühren anbraten, mit der Gemüsebrühe aufgießen, mit Muskat würzen und zugedeckt bei milder Hitze ca. 6 Minuten weich mit Biss dünsten. Bei Bedarf noch etwas Gemüsebrühe angießen. Am Ende der Garzeit soll die Flüssigkeit fast verkocht sein. Kohlrabi mit der Frühlingszwiebelsoße anrichten. Dazu schmecken die Rösti (siehe unten).

Pro Portion: 137 kcal, 6 g F, 6 g E, 15 g KH, 0 mg Chol

Für 2 Portionen

Soße

- 1/2 EL Öl
- 5 Frühlingszwiebeln, feine Ringe
- 50 g Sellerie, kleine Würfel
- 200 ml Gemüsebrühe (Gemüsesuppe)
- 1/2 TL Bio-Zitronenschale, fein gehackt
- Muskat
- 1/2 TL Liebstöckel
- 1/2 Bund Petersilie, fein gehackt
- 1 EL Zitronensaft

Kohlrabi

- 1/2 EL Öl
- 400 g junge Kohlrabi, sehr dünne Scheiben
- 5 EL Gemüsebrühe (Gemüsesuppe)
- Muskat

Knusper-Rösti

Backofen auf 180 °C Ober- und Unterhitze (160 °C Heißluft, Gas Stufe 3-4) vorheizen. Ein Backblech mit Backpapier belegen. Kartoffeln schälen, grob raspeln und gut ausdrücken. Kartoffeln mit Kümmel, Muskat, Salz und Pfeffer vermischen.

Eine beschichtete Pfanne dünn mit Öl ausstreichen. Aus den Kartoffeln kleine Plätzchen formen. Diese nebeneinander in die Pfanne setzen, etwas flach drücken und auf beiden Seiten anbraten. Rösti auf das Backblech legen und im vorgeheizten Backofen ca. 10 Minuten fertig backen.

Pro Portion: 128 kcal, 3 g F, 3 g E, 22 g KH, 0 mg Chol

Für 2 Portionen

- 300 g festkochende Kartoffeln
- 1/2 TL Kümmel
- Muskat
- Salz
- Pfeffer
- 1/2 EL Öl

Blumenkohl-Curry mit Tomaten

Für 2 Portionen

- 1 EL Öl
- 1 Knoblauchzehe, fein gehackt
- 400 g Blumenkohl (Karfiol), kleine Röschen
- 1 TL frischer Ingwer, fein gehackt
- 1 TL Currypulver
- Salz
- 4 EL Gemüsebrühe (Gemüsesuppe)
- 250 g Tomatenstücke (Dose)
- 2 EL frische Petersilie (oder Koriander), fein gehackt

Das Öl in einem beschichteten Topf erhitzen. Knoblauch darin kurz unter Rühren anbraten. Blumenkohl, Ingwer und Curry dazugeben, leicht salzen und unter Rühren kurz anbraten. Gemüsebrühe untermischen. Blumenkohl zugedeckt bei sehr milder Hitze ca. 15 Minuten im eigenen Saft dünsten, ab und zu umrühren. Bei Bedarf ein wenig Gemüsebrühe dazugeben.

Tomaten untermischen, mit Salz abschmecken. Das Curry zugedeckt noch ca. 15 Minuten bei milder Hitze dünsten. Vor dem Servieren mit Petersilie bestreuen.

Pro Portion: 129 kcal, 6 g F, 7 g E, 11 g KH, 0 mg Chol

Karotten-Curry mit Bananensoße

Für 2 Portionen

- 1 EL Öl
- 1 TL Currypulver
- 400 g Karotten, sehr dünne Scheiben
- Salz
- 200 ml Gemüsebrühe (Gemüsesuppe)
- 1 TL frischer Ingwer, fein gehackt
- 1/2 TL Bio-Zitronenschale, fein gehackt
- 1 kleine Banane, kleine Stücke
- 1 EL Zitronensaft
- 2 EL Orangensaft

Öl in einem beschichteten Topf mit erhitzen. Currypulver darin kurz unter Rühren anrösten. Karotten dazugeben, unter Rühren kurz anbraten, leicht salzen. 5 EL Gemüsebrühe, Ingwer und Zitronenschale dazugeben. Karotten zugedeckt ca. 5 Minuten bissfest dünsten.

Restliche Gemüsebrühe und Banane mit dem Mixstab zu einer glatten Soße pürieren. Soße mit den Karotten vermischen. Alles zugedeckt 4 Minuten köcheln. Karotten vom Herd nehmen, mit Zitronen- und Orangensaft abschmecken.

Pro Portion: 161 kcal, 6 g F, 3 g E, 23 g KH, 0 mg Chol

Üppig indisch speisen

Reichen Sie zu diesen aromatischen Gemüse-Currys auch frische Früchte, Rosinen, getrocknete Datteln und in der Schale gedämpfte Kartoffeln.

Spargel mit Spinat, Frühlingszwiebeln und Kerbel

Spargel in reichlich Salzwasser ca. 12 Minuten bissfest kochen. Spargel abgießen, dabei 6 EL Garflüssigkeit auffangen. Kerbel, Zitronensaft und 1/2 EL Olivenöl damit vermischen.

In der Garzeit des Spargels in einer beschichteten Pfanne 1/2 EL Olivenöl erhitzen, Frühlingszwiebeln darin unter Rühren kurz braten, leicht salzen und warm halten.

In einer beschichteten Pfanne 1/2 EL Olivenöl erhitzen, Knoblauch darin anbraten, Spinat untermischen, kurz unter Rühren braten, mit wenig Salz und Pfeffer würzen.

Den gut abgetropften Spargel und die Frühlingszwiebeln portionsweise anrichten, Spinat darüber verteilen, die Kerbelsoße darübergießen. Mit roten Pfefferbeeren und Kerbelblättchen garnieren. Dazu schmecken gebratene neue Kartoffeln (siehe unten).
Pro Portion: 161 kcal, 8 g F, 6 g E, 14 g KH, 0 mg Chol

Für 2 Portionen

- 300 g grüner Spargel
- 1 Bund Kerbel, fein gehackt
- Saft von 1/2 Zitrone
- 1 1/2 EL Olivenöl
- 5 Frühlingszwiebeln, längs halbiert, Stücke
- Salz
- 2 Knoblauchzehen, fein gehackt
- 100 g junger Spinat
- Pfeffer

Deko

- Rote Pfefferbeeren
- Kerbelblättchen

Gebratene neue Kartoffeln

Kartoffeln in der Schale weich dämpfen und abziehen. Öl in einer beschichteten Pfanne erhitzen. Kartoffeln darin rundum anbraten, leicht salzen.
Pro Portion: 129 kcal, 3 g F, 3 g E, 22 g KH, 0 mg Chol

Für 2 Portionen

- 300 g kleine neue Kartoffeln (Heurige)
- 1/2 EL Öl
- Salz

Paprika, Karotten, Lauch und Sprossen aus dem Wok

Sojasoße, Gemüsebrühe und Pfeilwurzmehl glatt rühren.

Öl im Wok erhitzen. Paprika und Karotten dazugeben, mit Chili würzen, unter Rühren 2 Minuten braten. Lauch dazugeben, unter Rühren 2 Minuten braten. Sprossen untermischen, unter Rühren 1 Minute braten.

Soßenmischung unterrühren, kurz erhitzen, bis die Soße bindet. Gemüse mit Sesam bestreuen.
Pro Portion: 104 kcal, 3 g F, 6 g E, 12 g KH, 0 mg Chol

Für 2 Portionen
- 1 EL Sojasoße
- 3 EL kalte Gemüsebrühe (Gemüsesuppe)
- 1/2 gestrichener TL Pfeilwurzmehl (oder Kartoffelstärke)
- 1 EL Öl
- 1 roter Paprika, dünne Streifen
- 150 g Karotten, sehr dünne Scheiben
- Chilipulver
- 150 g Lauch, dünne Streifen
- 50 g Mungsprossen („Sojasprossen")
- 1 EL gerösteter Sesam

Schnell gewickelt – Wirsingrouladen

Die ganzen Wirsingblätter zugedeckt über Wasserdampf 3 Minuten dämpfen. Jeweils etwas Wokgemüse oder Pilzfüllung auf die Wirsingblätter geben. Wirsingblätter aufrollen, mit Zahnstochern zusammenstecken.

Für 2 Portionen
- 4-6 Wirsingblätter (Kohlblätter)
- 1 Rezept Wokgemüse (siehe oben) oder die doppelte Menge Pilzfüllung (siehe rechts)

Auberginenröllchen mit Pilzfüllung

Für 2 Portionen

- 600 g Auberginen (Melanzani), 1 cm dicke Scheiben
- 1/2 EL Olivenöl

Füllung

- 1/2 EL Olivenöl
- 1/2 kleine Zwiebel, fein gehackt
- 1 Knoblauchzehe, fein gehackt
- 250 g Champignons, grob gehackt
- 1/2 Bund Petersilie, fein gehackt
- 1 EL Mandelsplitter, gehackt
- Salz, Pfeffer

Backofen auf 180 °C Ober- und Unterhitze (160 °C Heißluft, Gas Stufe 3-4) vorheizen. Backblech mit Backpapier belegen. Auberginen nebeneinander darauflegen, leicht salzen und im vorgeheizten Ofen 10 Minuten garen. Auberginen umdrehen, mit Olivenöl beträufeln und weitere 10 Minuten garen.

Währenddessen 1/2 EL Olivenöl in einer beschichteten Pfanne erhitzen. Zwiebel und Knoblauch darin zuerst bei milder Hitze weich und glasig dünsten, dann unter Rühren goldgelb braten. Pilze dazugeben, unter Rühren braten, bis die gesamte Pilzflüssigkeit verkocht ist. Petersilie und Mandeln untermischen. Die Füllung mit wenig Salz und Pfeffer abschmecken. Auberginenscheiben mit der Füllung bestreichen, aufrollen und mit Zahnstochern feststecken.

Pro Portion: 151 kcal, 9 g F, 9 g E, 10 g KH, 0 mg Chol

Gebratene Zucchini mit Rucola

Für 2 Portionen

- 400 g kleine, feste Zucchini
- 1 EL Olivenöl
- 1 Knoblauchzehe, fein gehackt
- 2-3 EL Zitronensaft
- 1/2 TL Bio-Zitronenschale, fein gehackt
- 1/2 Bund Rucola, mundgerechte Stücke
- 1/2 Bund Basilikum, fein geschnitten
- 8 Blättchen Minze, fein geschnitten
- 1 Frühlingszwiebel, feine Ringe

Ganz wichtig für den Kocherfolg: Zucchini halbieren und in sehr dünne Scheiben schneiden.

Olivenöl in einer großen Pfanne oder im Wok erhitzen. Knoblauch darin kurz anbraten. Zucchini dazugeben, leicht mit Salz würzen und unter ständigem Rühren bei starker Flamme nur so lange braten, bis die Zucchini vom Rand her glasig werden, aber noch einen guten Biss haben.

Pfanne vom Herd nehmen. Zucchini mit Zitronensaft, Zitronenschale, Rucola, Basilikum, Minze und Frühlingszwiebeln vermischen.

Pro Portion: 104 kcal, 6 g F, 4 g E, 8 g KH, 0 mg Chol

Aus dem Ofen – Rote Beeten mit Champignons

Für 2 Portionen

- 300 g kleine Rote Beeten (Rote Rüben)
- 200 g kleine Champignons
- 3 EL Zitronensaft
- 1 EL Olivenöl
- Salz
- Pfeffer
- 3 Zweigchen Dill, fein geschnitten

Backofen auf 180 °C Ober- und Unterhitze (160 °C Heißluft, Gas Stufe 3-4) vorheizen. Rote Beeten gut abbürsten, in Alufolie wickeln, auf den Backofenrost legen und 20 Minuten garen.

Die ganzen Champignons in einer kleinen, feuerfesten Form mit Zitronensaft und Olivenöl vermischen, mit Salz und Pfeffer würzen. Die Form mit Alufolie gut verschließen.

Champignons zu den Roten Beeten in den Backofen stellen und alles noch ca. 15 Minuten garen. Dabei bildet sich in der Form reichlich Pilzsaft.

Rote Beeten abziehen, in dünne Spalten schneiden, mit den Champignons vermischen. Dazu passt das Rucola-Kartoffel-Püree (siehe unten).
Pro Portion: 137 kcal, 5 g F, 5 g E, 16 g KH, 0 mg Chol

Rucola-Kartoffel-Püree

Für 2 Portionen

- 400 g mehlige Kartoffeln, kleine Stücke
- 100 ml Gemüsebrühe (Gemüsesuppe)
- Muskat
- 1 TL Öl
- 1/4 TL abgeriebene Bio-Zitronenschale
- 1/2 Bund Rucola, fein geschnitten

Kartoffeln mit der Gemüsebrühe zum Kochen bringen, mit Muskat würzen. Zugedeckt ca. 10 Minuten weich köcheln. Am Ende der Garzeit soll fast die ganze Gemüsebrühe verkocht sein. (Wenn notwendig, noch etwas Gemüsebrühe angießen.)

Mit dem Kartoffelstampfer Kartoffeln, Öl und Zitronenschale zu Püree verarbeiten. Rucola untermischen.
Pro Portion: 169 kcal, 3 g F, 5 g E, 30 g KH, 0 mg Chol

Italienische Fenchelpfanne

Olivenöl in einer beschichteten Pfanne erhitzen. Zwiebel darin bei milder Hitze zuerst glasig und weich dünsten, dann unter Rühren goldgelb braten.

Knoblauch, Paprika und Fenchel dazugeben, unter Rühren 3 Minuten braten. Mit Gemüsebrühe aufgießen, zugedeckt 15 Minuten bei milder Hitze dünsten. Tomaten hinzufügen, mit Oregano, Thymian, Pfeffer und wenig Salz würzen. Fenchelgemüse zugedeckt ca. 10 Minuten dünsten. Italienische Fenchelpfanne mit Basilikum bestreut servieren.

Pro Portion: 148 kcal, 6 g F, 7 g E, 15 g KH, 0 mg Chol

Für 2 Portionen

- 1 EL Olivenöl
- 1/2 Zwiebel, fein gehackt
- 1 Knoblauchzehen, dünne Scheiben
- 2 roter Paprika, feine Streifen
- 2 Fenchelknollen, geviertelt
- 100 ml Gemüsebrühe (Gemüsesuppe)
- 200 g Tomaten, abgezogen, Stücke
- 1/2 TL Oregano
- 1/2 TL Thymian
- Pfeffer
- Salz
- 3 EL Basilikum, fein geschnitten

Spinat mit Shiitakepilzen und Sprossen

Für 2 Portionen

- 200 g Spinat
- Salz
- 1 EL Öl
- 2 Frühlingszwiebeln, feine Ringe
- 150 g Shiitakepilze, dünne Scheiben
- 50 g Mungsprossen („Sojasprossen“)
- Muskat oder Galgant
- Pfeffer

Den tropfnassen Spinat mit wenig Salz in einen Topf geben und zugedeckt bei guter Hitze ca. 2 Minuten zusammenfallen lassen. Spinat in einem Sieb abtropfen lassen.

Öl in einer Pfanne erhitzen, die Frühlingszwiebeln darin kurz unter Rühren anbraten. Pilze dazugeben, kurz unter Rühren braten. Sprossen untermischen, kurz unter Rühren braten. Den gut abgetropften Spinat untermischen, mit Muskat und Pfeffer würzen und alles kurz unter Rühren erhitzen. Dazu schmeckt das Kartoffelgratin (siehe unten).

Pro Portion: 92 kcal, 6 g F, 6 g E, 3 g KH, 0 mg Chol

Kartoffelgratin

Für 2 Portionen

- 1 TL Öl
- 400 g festkochende Kartoffeln, dünne Scheiben
- 100 ml Gemüsebrühe (Gemüsesuppe)
- 200 ml Sojamilch, ungesüßt
- Muskat
- 1/4 TL Quendel oder Thymian
- 1/2 TL edelsüßes Paprikapulver
- Pfeffer
- Salz

Backofen auf 180 °C Ober- und Unterhitze (160 °C Heißluft, Gas Stufe 3-4) vorheizen. Eine Auflaufform mit dem Öl ausstreichen. Kartoffeln mit Gemüsebrühe und Sojamilch in einen beschichteten Topf geben. Mit Muskat und Quendel würzen, zum Kochen bringen und im geöffneten Topf ca. 10 Minuten köcheln, dabei ab und zu umrühren.

Kartoffeln mit dem Schaumlöffel aus dem Topf heben und in die Auflaufform schichten. Garflüssigkeit mit dem Paprikapulver vermischen und über die Kartoffeln gießen. Gratin im vorgeheizten Ofen ca. 30 Minuten backen, bis die Flüssigkeit verkocht und das Gratin goldbraun knusprig ist.

Pro Portion: 191 kcal, 4 g F, 7 g E, 30 g KH, 0 mg Chol

Gefüllte Auberginen – ein Festessen!

Für 2 Portionen

- 2 mittelgroße Auberginen (Melanzani)
- Salz
- 400 g Tomaten
- 1 1/2 EL Olivenöl
- 1 Zwiebel, dünne Scheiben
- 1 Knoblauchzehe, fein gehackt
- Pfeffer
- 1/4 TL Zimt
- 1 EL Mandelstifte
- 1 EL Rosinen

Aus der Auberginenschale rundum in 4 cm Abständen 1 cm breite Längsstreifen schneiden. Auberginen längs halbieren. Fruchtfleisch mit dem Löffel auskratzen, dabei einen Rand von 1/2 cm stehen lassen. Fruchtfleisch klein würfeln. Schnittflächen der Auberginen mit Salz bestreuen, 20 Minuten Flüssigkeit ziehen lassen. Auberginen kalt abspülen und mit Küchenpapier trocken tupfen.

Tomaten kurz in kochendes Wasser legen, abgießen, abziehen, die Kerne entfernen. Tomaten grob würfeln. Backofen auf 180 °C Ober- und Unterhitze (160 °C Heißluft, Gas Stufe 3-4) vorheizen. Ein Backblech mit Backpapier belegen.

In einer großen beschichteten Pfanne 1/2 EL Olivenöl erhitzen, die Auberginenhälften darin mit der Schnittfläche nach unten kurz anbraten, aus der Pfanne nehmen und nebeneinander auf das Backblech setzen.

In der Pfanne 1/2 EL Olivenöl erhitzen. Zwiebel darin bei milder Hitze glasig und weich dünsten. Aus der Pfanne nehmen. 1/2 EL Olivenöl erhitzen, Knoblauch darin unter Rühren kurz anbraten. Auberginenwürfel dazugeben, leicht salzen, unter Rühren bei milder Hitze weich braten. Tomaten untermischen, mit Salz, Pfeffer und Zimt würzen. Alles unter Rühren kurz erhitzen.

In einer Schüssel Zwiebeln, Tomatenmischung, Mandeln und Rosinen vermischen. Auberginen damit füllen und im vorgeheizten Ofen 30 bis 40 Minuten weich braten.
Pro Portion: 219 kcal, 11 g F, 8 g E, 21 g KH, 0 mg Chol

Lässt sich gut vorbereiten

Auberginenhälften schon im Voraus braten und die Füllung zubereiten. Ca. 40 Minuten vor dem Essen die Auberginenhälften füllen und in den Ofen schieben.

Blitzschnell zubereitet – Kürbisgemüse aus dem Backofen

Backofen auf 180 °C Ober- und Unterhitze (160 °C Heißluft, Gas Stufe 3-4) vorheizen.

Kürbis, Paprika, Tomaten, Zwiebel und Knoblauch in einer flachen, ofenfesten Form verteilen. Leicht salzen und pfeffern. Gemüsebrühe, Olivenöl, Thymian und Oregano verrühren und auf dem Gemüse verteilen. Die Form mit Alufolie verschließen. Herbstgemüse im vorgeheizten Ofen ca. 30 Minuten garen. Mit Petersilie bestreuen. Dazu schmecken Maroni (Esskastanien) (siehe unten).
Pro Portion: 161 kcal, 6 g F, 6 g E, 19 g KH, 0 mg Chol

Für 2 Portionen

- 300 g Kürbis (Muskat, Butternuss), kleine Würfel
- 1 grüner Paprika, dünne Streifen
- 400 g Tomaten, abgezogen, Spalten
- 1 kleine Zwiebel, fein gehackt
- 1 Knoblauchzehe, fein gehackt
- Salz
- Pfeffer
- 4 EL Gemüsebrühe (Gemüsesuppe)
- 1 EL Olivenöl
- 1/2 TL Thymian
- 1/2 TL Oregano
- 1/2 Bund Petersilie, fein gehackt

Maroni

Backofen auf 180 °C Ober- und Unterhitze (160 °C Heißluft, Gas Stufe 3-4) vorheizen.

Maroni kreuzweise einschneiden und im Ofen ca. 30 bis 45 Minuten garen. Maroni schälen, dabei auch die bittere braune Haut entfernen.

Wenn Sie die Maroni zum Kürbisgemüse (siehe oben) essen wollen, zuerst die Maroni und dann das Gemüse dazu in den Ofen geben.
Pro Portion: 173 kcal, 2 g F, 2 g E, 36 g KH, 0 mg Chol

Für 2 Portionen

- 200 g Maroni (Esskastanien)

Schmortopf mit grünen Bohnen, Tomaten und Kartoffeln

Für 2 Portionen

- 1 EL Olivenöl
- 1 kleine Zwiebel, fein gehackt
- 200 g grüne Bohnen (Fisolen), längs halbiert, 5 cm lange Stücke
- 200 g Kartoffeln, kleine Würfel
- 1 Knoblauchzehe, fein gehackt
- Salz
- 1 Bund Petersilie, fein gehackt
- 200 ml Gemüsebrühe (Gemüsesuppe)
- 1/2 TL Oregano
- 1/2 TL Thymian
- 1 Lorbeerblatt
- 400 g Tomaten, abgezogen, kleine Stücke
- 3 EL Basilikum, fein geschnitten

Olivenöl in einem beschichteten Topf erhitzen. Zwiebel darin bei milder Hitze zuerst glasig und weich dünsten, dann unter Rühren goldgelb braten.

Grüne Bohnen, Kartoffeln und Knoblauch dazugeben, leicht salzen, unter Rühren 5 Minuten andünsten. Petersilie untermischen, kurz andünsten. Mit der Gemüsebrühe aufgießen, mit Oregano, Thymian und Lorbeer würzen. Zugedeckt 10 Minuten köcheln. Die grünen Bohnen und die Kartoffeln sollen weich sein, aber noch einen leichten Biss haben.

Tomaten untermischen. Schmortopf ca. 10 Minuten zugedeckt köcheln, vom Herd nehmen und das Basilikum untermischen.
Pro Portion: 181 kcal, 6 g F, 6 g E, 25 g KH, 0 mg Chol

Gemüse-Ragout mit Pilzen

Die Steinpilze in 150 ml heißem Wasser 30 Minuten einweichen, in ein Sieb abgießen. Dabei das Einweichwasser auffangen. Steinpilze grob hacken.

1/2 EL Olivenöl in einem beschichteten oder gusseisernen Topf erhitzen. Zwiebel und Knoblauch darin zuerst bei milder Hitze weich dünsten, dann goldgelb braten. Koriander dazugeben, kurz unter Rühren anrösten. Mit der Sojasoße ablöschen. Alles kurz unter Rühren erhitzen. Pilzeinweichwasser, passierte Tomaten, Gemüsebrühe, Steinpilze und das Lorbeerblatt dazugeben. Alles vermischen und die Soße in 15 Minuten etwas einköcheln.

In einer beschichteten Pfanne 1/2 EL Olivenöl erhitzen. Karotten, Sellerie und Paprika dazugeben und unter Rühren 3 Minuten braten. Pilze dazugeben, unter Rühren 3 Minuten braten. Gemüse noch ca. 6 Minuten zugedeckt bei milder Hitze im eigenen Saft dünsten. Gemüse mit der Steinpilzsauce vermischen, kurz köcheln und mit Pfeffer abschmecken.

Salbeiblättchen kurz im Öl anbraten. Das Ragout damit garnieren. Dazu schmecken die knusprigen Kartoffelspalten (siehe unten).
Pro Portion: 133 kcal, 8 g F, 4 g E, 11 g KH, 0 mg Chol

Für 2 Portionen

- 10 g getrocknete Steinpilze
- 1 kleine Zwiebel, fein gehackt
- 1 Knoblauchzehe, fein gehackt
- 1/4 TL Koriander
- 1 EL Sojasauce
- 100 ml passierte Tomaten
- 100 ml gut gewürzte Gemüsebrühe (Gemüsesuppe)
- 1 Lorbeerblatt
- 200 g Karotten, feine Streifen
- 100 g Sellerie, dünne Scheibchen
- 1 roter Paprika, dünne Streifen
- 150 g Champignons, geviertelt
- Schwarzer Pfeffer

Garnitur

- 8 Blättchen Salbei
- 1 TL Öl

Knusprige Kartoffelspalten

In einer großen beschichteten Pfanne das Öl erhitzen. Kartoffeln dazugeben, salzen und kurz unter Rühren anbraten. Mit dem Wasser aufgießen. Einen gut schließenden Deckel auf die Pfanne geben und die Kartoffeln bei guter Hitze ca. 12 Minuten weich garen. (Bei Bedarf noch ein wenig Wasser zugießen.) Wenn die Kartoffeln gar sind, muss das gesamte Wasser verdampft sein. Die Kartoffeln noch kurz unter Rühren knusprig goldbraun braten.
Pro Portion: 129 kcal, 3 g F, 3 g E, 22 g KH, 0 mg Chol

Für 2 Portionen

- 1/2 EL Olivenöl
- 300 g festkochende Kartoffeln, kleine Spalten
- Salz
- 150 ml Wasser

Ofenkartoffeln

Backofen auf 180 °C Ober- und Unterhitze (160 °C Heißluft, Gas Stufe 3-4) vorheizen.

Die Kartoffeln gut abbürsten (nicht schälen), längs durchschneiden, nebeneinander mit den Schnittflächen nach oben auf ein Backblech setzen, leicht salzen, mit Kümmel bestreuen und mit Öl bestreichen. Kartoffeln im vorgeheizten Ofen ca. 20 Minuten backen.
Pro Portion: 129 kcal, 3 g F, 3 g E, 22 g KH, 0 mg Chol

Für 2 Portionen
- 300 g kleinere Kartoffeln
- Salz
- 1 TL Kümmel
- 1 TL Öl

Ofenkartoffeln und Dips – prima praktisch

Einfacher kann Essen mit dem Basenplus nicht sein. Ofenkartoffeln sind in Windeseile zubereitet, Pesto und Dips lassen sich gut vorbereiten. Gibt es dazu noch eine große Schüssel Salat, ist das Mittagessen perfekt.

Rucola-Pesto

Im Cutter (Multizerkleinerer) Rucola, Zucchini, Knoblauch, Zitronensaft, Olivenöl, Mandelblättchen, Salz und Pfeffer zu einem glatten Pesto mixen.
Pro Portion: 96 kcal, 8 g F, 2 g E, 4 g KH, 0 mg Chol

Für 2 Portionen
- 1 Bund Rucola, geschnitten
- 70 g Zucchini, fein geraspelt
- 1 Knoblauchzehe, gehackt
- 2-3 EL Zitronensaft
- 1 EL Olivenöl
- 1 EL Mandelblättchen
- Salz
- Pfeffer

Auberginen-Dip

Für 2 Portionen
- 1 Aubergine (Melanzani), ca. 300 g
- 1 EL Olivenöl
- 1 kleine Tomate, kleine Würfel
- 1 Frühlingszwiebel, feine Ringe
- 1 Knoblauchzehe, fein gehackt
- 2 EL Petersilie, gehackt
- 1 EL gerösteter Sesam
- Salz
- Pfeffer

Backofen auf 200 °C Ober- und Unterhitze (180 °C Heißluft, Gas Stufe 3-4) vorheizen.

Die ganze Aubergine rundum ca. 5-mal anstechen und im vorgeheizten Ofen in 50 bis 60 Minuten weich braten. Aubergine etwas abkühlen lassen, längs halbieren. Die Flüssigkeit, die sich im Inneren angesammelt hat, abgießen. Das Fruchtfleisch mit einem Löffel aus der Schale lösen und hacken.

Auberginenfruchtfleisch mit Olivenöl, Tomate, Frühlingszwiebel, Knoblauch, Petersilie und Sesam vermischen.
Dip mit wenig Salz und Pfeffer abschmecken.
Pro Portion: 116 kcal, 8 g F, 4 g E, 7 g KH, 0 mg Chol

Cremig-pikanter Paprika-Dip

Für 2 Portionen
- 1 EL Olivenöl
- 1 kleine Zwiebel, fein gehackt
- 1 Knoblauchzehe, fein gehackt
- 2 rote Paprika, feine Streifen
- 1 kleine Pfefferoni, feine Ringe
- 1/2 TL Oregano
- 1/2 TL Thymian
- 1 Stück Bio-Zitronenschale
- 1 kleine Tomate, abgezogen, Stücke
- 1 TL Apfelessig
- Salz
- Pfeffer

Olivenöl in einem beschichteten Topf erhitzen. Zwiebel darin zuerst glasig dünsten, dann unter Rühren goldgelb braten. Knoblauch, Paprika und Pfefferoni dazugeben, unter Rühren kurz anbraten, mit Oregano, Thymian und Zitronenschale würzen. Zugedeckt bei milder Hitze 10 Minuten dünsten, dabei ab und zu umrühren. Tomate dazugeben, zugedeckt 10 Minuten dünsten. Apfelessig unterrühren und alles kurz köcheln.

Im Cutter (Multizerkleinerer) zu einer Paste verarbeiten, mit wenig Salz abschmecken.
Pro Portion: 99 kcal, 6 g F, 3 g E, 9 g KH, 0 mg Chol

Fruchtig-Süßes

Erdbeer-Orangen-Bananen-Salat

Erdbeeren in kleine Stücke schneiden. Eine Orange in kleine Stücke schneiden. Eine Orange auspressen. Erdbeeren, Orangenstücke und Orangensaft vermischen.

Banane erst unmittelbar vor dem Servieren in dünne Scheiben schneiden und mit dem Fruchtsalat vermischen.

Erdbeer-Orangen-Bananen-Salat portionsweise mit der Aprikosencreme (siehe unten) anrichten.
Pro Portion 109 kcal, 1 g F, 2 g E, 21 g KH, 0 mg Chol

Für 2 Portionen
- 200 g Erdbeeren, kleine Stücke
- 2 Orangen
- 1 Banane

Aprikosencreme

Aprikosen mit dem heißen Wasser übergießen und 30 Minuten aufquellen lassen. Aprikosen, Bio-Zitronenschale und die Einweichflüssigkeit zum Kochen bringen, zugedeckt 8 Minuten köcheln, bei Bedarf noch etwas Wasser dazugeben.

Alles mit dem Mixstab fein pürieren. Aprikosencreme mit Zitronensaft abschmecken und abkühlen lassen.
Pro Portion: 51 kcal, 0 g F, 1 g E, 10 g KH, 0 mg Chol

Für 2 Portionen
- 80 g getrocknete Aprikosen (Marillen), kleine Stücke
- 150 ml kochendes Wasser
- 1 Stück Bio-Zitronenschale
- 1-2 EL Zitronensaft

Beerensalat mit Pfirsichsoße

Beeren in eine Schüssel geben. Orangensaft mit den Beeren vermischen.

Pfirsich kurz in kochendes Wasser legen, abziehen. Fruchtfleisch in kleine Stücke schneiden. Mit dem Mixstab Pfirsich, Orangensaft und Zimt zu einer Soße pürieren.

Beerensalat portionsweise in Gläsern anrichten, die Pfirsichsoße darübergießen.
Pro Portion: 107 kcal, 1 g F, 2 g E, 20 g KH, 0 mg Chol

Für 2 Portionen
- 100 g Erdbeeren, kleine Stücke
- 100 g Heidelbeeren
- 100 g Himbeeren
- Saft von 1/2 Orange

Soße
- 1 Pfirsich
- Saft von 1/2 Orange
- 1/4 TL Zimt

Trauben-Dattel-Salat mit Vanille-Kardamom-Dressing

Datteln in eine Schüssel geben. Orangensaft, Vanillemark, Zimt und Kardamom verrühren, mit den Datteln vermischen und 30 Minuten ziehen lassen.

Trauben mit den marinierten Datteln vermischen. Fruchtsalat mit Mandelsplittern bestreuen.
Pro Portion: 171 kcal,1 g F, 2 g E, 38 g KH, 0 mg Chol

Für 2 Portionen
- 4 frische Datteln, feine Streifen
- Saft von 1 Orange
- Mark aus 1 Vanilleschote
- 1 Prise Zimt
- 1 Prise Kardamom
- 100 g blaue Trauben, halbiert
- 100 g weiße Trauben, halbiert
- Mandelsplitter

Granatapfel-Ananas-Salat

Für 2 Portionen
- Saft von 1 Orange
- 1 TL Rosinen, fein gehackt
- 1/ 4 TL Zimt
- 1 Granatapfel
- 200 g frische Ananas, kleine Stücke

Orangensaft, Rosinen und Zimt vermischen, etwas durchziehen lassen.

Die harte Schale des Granatapfels mit einem scharfen Messer rundum einschneiden. Granatapfel aufbrechen und die Kerne vorsichtig auslösen. Granatapfel und Ananas mit dem Orangendressing vermischen.
Pro Portion: 152 kcal, 1 g F, 2 g E, 33 g KH, 0 mg Chol

Mango-Papaya-Salat

Für 4 Portionen
- 1 kleine, reife Mango, feine Streifen
- 150 g reife Papaya, feine Streifen
- Saft von 1/2 Limette
- 1/4 TL Bio-Limetten- oder Zitronenschale, fein gehackt
- 2 Zweigchen Minze

Mango und Papaya mit Limettensaft und Schale vermischen, portionsweise anrichten, mit Minze garnieren.
Pro Portion: 65 kcal, 0 g F, 1 g E, 14 g KH, 0 mg Chol

Erdbeersuppe mit Melonen

Erdbeeren und Orangensaft mit dem Mixstab fein pürieren und durch ein Sieb streichen.

Aus dem Melonenfruchtfleisch mit einem Formmesser kleine Kugeln ausstechen (oder das Fruchtfleisch in kleine Stücke schneiden).

Erdbeersuppe portionsweise in Suppentellern anrichten. Melonenkugeln in die Erdbeersuppe setzen.
Pro Portion: 142 kcal,1 g F, 3 g E, 28 g KH, 0 mg Chol

Für 2 Portionen
- 250 g Erdbeeren, Stücke
- Saft von 2 Orangen
- 300 g Zucker- oder Honigmelone

Marinierte Kirschen in Vanille-Ingwer-Soße

Vanilleschoten längs aufschneiden und das Vanillemark herauskratzen. Orangensaft mit Vanille, Zimt, Ingwer und Zitronenschale verrühren. Kirschen entkernen, mit der Soße vermischen, kalt stellen und 1 Stunde marinieren lassen.
Pro Portion: 139 kcal,1 g F, 2 g E, 28g KH, 0 mg Chol

Für 2 Portionen
- 1 Vanilleschote
- Saft von 1 1/2 Orangen
- 1/4 TL Zimt
- 1/2 TL frischer Ingwer, fein gehackt
- 1/2 TL Bio-Zitronenschale, fein gehackt
- 300 g süße Kirschen

Aprikosen-Beeren-Grütze

Aprikosen, Johannisbeeren, Himbeeren, Kirschen und Kirschensaft vermischen und etwas ziehen lassen.

Kaltes Wasser und die Kartoffelstärke mit dem Schneebesen glatt rühren und unter Rühren zum Kochen bringen. Marinierte Früchte untermischen und alles unter Rühren kurz aufkochen. Aprikosen-Beeren-Grütze kalt stellen.

Dazu schmeckt die Mandel-Vanille-Sojajoghurt-Creme (siehe unten).
Pro Portion: 148 kcal, 1 g F, 2 g E, 30 g KH, 0 mg Chol

Für 4 Portionen

- 400 g reife Aprikosen (Marillen), kleine Spalten
- 100 g rote Johannisbeeren (Ribisel)
- 100 g Himbeeren
- 200 g süße Kirschen, entsteint
- 200 ml Kirschensaft
- 200 ml kaltes Wasser
- 30 g Kartoffelstärke

Mandel-Vanille-Sojajoghurt-Creme

Vanilleschoten aufschneiden, das Vanillemark herauskratzen. Mit dem Handrührgerät Sojajoghurt, Vanille, Mandelmus und Zimt zu einer glatten Creme rühren.
Pro Portion: 84 kcal, 6 g F, 7 g E, 1 g KH, 0 mg Chol

Creme zu fruchtigen Speisen

Auch zu den marinierten Kirschen (S. 116), zum Erdbeer-Orangen-Bananen-Salat (S. 112), zum Apfel-Feigen-Kompott (S. 125) oder zu den Zwetschken-Maultaschen (S. 128) schmeckt die Mandel-Vanille-Sojajoghurt-Creme.

Für 4 Portionen

- 1-2 Vanilleschoten
- 300 g Sojajoghurt natur
- 2 EL Mandelmus
- Zimt

„Birne Helene“ mit Pflaumensoße

Für 4 Portionen
- 4 saftige Birnen
- 400 ml Wasser
- 2 TL Zitronensaft
- Pflaumensoße (Rezept siehe unten)

Birnen schälen, halbieren und das Kerngehäuse mit einem Teelöffel halbkugelförmig ausstechen. Das Wasser mit Zitronensaft zum Kochen bringen. Die Birnenhälften je nach Reifegrad 2 bis 4 Minuten leicht kochen. Die Kochzeit ist relativ kurz, da die Birnen in der Garflüssigkeit abkühlen sollen und dabei noch etwas weicher werden.

Birnen aus der Garflüssigkeit heben, mit der Pflaumensoße anrichten.
Pro Portion: 193 kcal, 1 g F, 2 g E, 42 g KH, 0 mg Chol

Pflaumensoße

- 150 g getrocknete Pflaumen (Dörrzwetschken)
- 250 ml warmes Wasser
- 1 kleiner Apfel, kleine Stücke
- 1/2 TL Zimt
- 1 TL frischer Ingwer, fein gehackt
- 1 Stück Bio-Zitronenschale
- 2-3 EL Zitronensaft

Pflaumen in 250 ml warmem Wasser 1 Stunde einweichen, abgießen. Einweichwasser auffangen. Pflaumen in Stücke schneiden.

Pflaumen, Apfel, Einweichwasser, Zimt, Ingwer und Zitronenschale in einen kleinen Topf geben und ca. 15 Minuten köcheln. Dabei öfters umrühren. Bei Bedarf noch etwas Wasser dazugeben. Soße mit dem Mixstab fein pürieren, Zitronensaft untermischen. Soße noch einige Minuten köcheln und dann abkühlen lassen.

Natürlich süß und vielseitig einsetzbar

Die Pflaumensoße schmeckt zu den gefüllten Birnen aus dem Dampf (S. 124), zu Bratäpfeln, gebratenen Bananen, zu den Frucht-Maultaschen (S. 128), zu Kartoffelpuffern (S. 129), aber auch zu Fruchtsalat und zum warmen Dinkelfrühstück (S. 33). Praktisch: Gut verschlossen hält sich die Pflaumensoße im Kühlschrank einige Tage.

Sesam-Bananen mit Preiselbeer-Orangen-Soße

Orangensaft mit Zitronenschale, Preiselbeerkompott und Stärke glatt rühren und unter Rühren erhitzen. Einen Moment köcheln, bis die Soße bindet.

Sesam in einer kleinen Pfanne kurz unter Rühren anrösten. Öl in einer beschichteten Pfanne erhitzen. Bananen darin bei milder Hitze auf jeder Seite ca. 2 Minuten braten. Bananen mit geröstetem Sesam bestreuen und mit der Preiselbeer-Orangen-Soße anrichten.
Pro Portion: 225 kcal, 5 g F, 3 g E, 39 g KH, 0 mg Chol

Für 2 Portionen

Soße

- Saft von 2 Orangen
- 1/2 TL abgeriebene Bio-Zitronenschale
- 1 EL Preiselbeerkompott
- 1 gestrichene TL Kartoffelstärke oder Pfeilwurzmehl

Bananen

- 1 EL ungeschälter Sesam
- 2 kleine Bananen, längs halbiert
- 1/2 EL Öl

Ananas-Mango-Kompott

Ananas, Mangos, Ingwer, Orangenschale, Zimt und Nelken mit 300 ml Wasser in einen kleinen Topf geben. Zum Kochen bringen, ca. 15 Minuten zugedeckt leicht köcheln, dabei ab und zu umrühren. Bei Bedarf noch ein wenig Wasser dazugeben. Zitronen- und Orangensaft untermischen. Das Kompott noch 2 Minuten köcheln. Schmeckt heiß und kalt.
Pro Portion: 162 kcal, 1 g F, 2 g E, 35 g KH, 0 mg Chol

Für 4 Portionen

- 500 g Ananas, kleine Stücke
- 100 g getrocknete Mangos, kleine Stücke
- 1 TL frischer, gehackter Ingwer
- 1 1/2 EL fein gehackte Bio-Orangenschale
- 2 Zimtstangen
- 2 Nelken
- 2 EL Zitronensaft
- 150 ml frisch gepresster Orangensaft

Gebratene Apfelringe mit Holundersoße

Die Kerngehäuse der Äpfel ausstechen und die Äpfel in dünne Ringe schneiden.

Öl in einer großen beschichteten oder gusseisernen Pfanne erhitzen. Apfelringe dazugeben, mit Zimt würzen und auf beiden Seiten kurz braten. Mit Apfelsaft und Holundersirup aufgießen, mit Zitronensaft und Zitronenschale würzen. Die Äpfel zugedeckt weich, aber mit Biss dünsten. Apfelringe aus der Pfanne nehmen.

Kartoffelstärke mit 2 EL kaltem Wasser glatt rühren, mit der Soße vermischen und kurz köcheln, bis die Soße bindet.

Apfelringe mit der Holundersoße anrichten, obenauf einen Klacks Holunder-Topping (siehe unten) geben.
Pro Portion: 195 kcal, 6 g F, 1 g E, 33 g KH, 0 mg Chol

Für 2 Portionen

- 2 saftige, säuerliche Äpfel
- 1 EL Öl
- 1/4 TL Zimt
- 1 TL Bio-Zitronenschale, fein gehackt
- 200 ml naturtrüber Apfelsaft
- 1 EL Holundersirup
- 1/2 EL Zitronensaft
- 1/2 TL Bio-Zitronenschale, fein gehackt
- 1/4 TL Kartoffelstärke oder Pfeilwurzmehl
- Holunder-Topping (Rezept siehe unten)

Holunder-Topping

Sojajoghurt, Holundersirup und Zitronenschale glatt rühren. Einen Klacks Topping auf die gebratenen Apfelringe geben, mit Holunderkompott garnieren.
Pro Portion: 31 kcal, 1 g F, 2 g E, 4 g KH, 0 mg Chol

- 4 EL Sojajoghurt natur
- 1 TL Holundersirup
- 1 Prise fein gehackte Bio-Zitronenschale
- 2 EL Holunderkompott

Trockenfrüchtekompott

Für 4 Portionen
- 100 g getrocknete Pflaumen (Dörrzwetschken)
- 100 g getrocknete Aprikosen (Marillen)
- 500 ml kochendes Wasser
- 1/2 Bio-Zitrone
- 2 Vanilleschoten
- 50 g getrocknete Sauerkirschen (oder Cranberrys)
- 1 Zimtstange
- 1 TL frischer Ingwer, fein gehackt

Pflaumen und Aprikosen mit dem kochenden Wasser übergießen und 1 Stunde quellen lassen. Von der halben Zitrone die Schale sehr dünn abschneiden. Zitrone auspressen. Vanilleschoten längs aufschneiden und das Mark herauskratzen.

Die aufgequollenen Trockenfrüchte mit dem Einweichwasser zum Kochen bringen. Sauerkirschen, Zitronenschale, Vanillemark, ausgekratzte Vanilleschoten, Zimt und Ingwer dazugeben. Zugedeckt 20 Minuten köcheln. Zitronensaft untermischen und kurz erhitzen. Das Kompott schmeckt kalt und warm und besonders gut zum warmen Dinkelfrühstück (S. 33).
Pro Portion: 162 kcal, 1 g F, 3 g E, 32 g KH, 0 mg Chol

Süße Basenpower
Trockenfrüchte stehen auf der Hitliste der basenbildenden Lebensmittel – bereiten Sie dieses einfache Grundrezept auch mit getrockneten Feigen, Ananas und Mangos zu.

Gefüllte Birnen aus dem Dampf

Für 2 Portionen
- 1 EL getrocknete Datteln, fein gehackt
- 1 EL Rosinen, gehackt
- 1 EL gerösteter Sesam
- 2 EL Orangensaft
- 1/4 TL fein gehackte Bio-Zitronenschale
- 1/4 TL Zimt
- Zerstoßene Samen aus 2 Kardamomkapseln
- 2 große, saftige Birnen

Für die Füllung Datteln, Rosinen, Sesam, Orangensaft, Zitronenschale, Zimt und Kardamom verrühren.

Von den Birnen am Stielansatz einen 2 cm hohen Deckel abschneiden. Die Birnen mit einem kleinen Löffel aushöhlen. Füllung in die Birnen geben. Die Deckel wieder auf die Birnen setzen. Gefüllte Birnen in kleine Schälchen setzen und in einen Siebeinsatz stellen. Birnen zugedeckt über Wasserdampf 15 Minuten garen (bzw. im Dampfgarer laut Anleitung).
Pro Portion: 180 kcal, 2 g F, 2 g E, 39 g KH, 0 mg Chol

Gefüllte Birne aus dem Ofen
Sie können die Birnen auch in Alufolie wickeln und im Backofen ca. 20 Minuten bei 200 °C garen.

Pfirsich-Kokos-Kompott

Für 2 Portionen
- 4 reife Pfirsiche
- 100 ml Kokosmilch
- 150 ml Wasser
- 1 Zimtstange
- 1 TL Bio-Zitronenschale, fein gehackt
- 1/2 TL frischer Ingwer, fein gehackt
- 1/2-1 EL Zitronensaft

Pfirsiche kurz in kochendes Wasser legen, abgießen. Die Haut abziehen, Kerne entfernen, Pfirsiche halbieren.

In einem kleinen Topf Kokosmilch und Wasser zum Kochen bringen. Pfirsiche, Zimt, Zitronenschale und Ingwer dazugeben. Pfirsiche zugedeckt 6 bis 8 Minuten köcheln. Die Früchte sollen weich sein, dürfen aber nicht zerfallen. Das Kompott schmeckt warm und kalt.
Pro Portion: 144 kcal, 8 g F, 2 g E, 14 g KH, 0 mg Chol

Apfel-Feigen-Kompott

Für 4 Portionen
- 150 g getrocknete Feigen
- 300 ml Wasser
- 1 Stück Bio-Zitronenschale
- 2 Zimtstangen
- 500 g kleine saftige Äpfel
- Saft von 4 Mandarinen
- 1 EL Zitronensaft

Die Feigen mit 300 ml Wasser, Zitronenschale und Zimtstangen in einen kleinen Topf geben und zugedeckt 40 Minuten leicht köcheln.

Äpfel schälen, halbieren, Kerngehäuse entfernen. Äpfel mit dem Feigenkompott vermischen und 5 bis 7 Minuten zugedeckt köcheln. Die Äpfel sollen weich sein, dürfen aber nicht zerfallen. Kompott vom Herd nehmen, Mandarinen- und Zitronensaft untermischen. Schmeckt heiß und kalt, auch in der Früh zum warmen Dinkelfrühstück (S. 33).
Pro Portion: 189 kcal, 1g F, 3 g E, 40 g KH, 0 mg Chol

Dattel-Mandel-Pralinen

Datteln durch die feine Scheibe des Fleischwolfs drehen bzw. mehrmals sehr fein hacken und zerdrücken. Vanilleschoten längs aufschneiden, das Vanillemark mit einem scharfen Messer herauskratzen.

Datteln, Vanillemark, Kirschensirup, Mandelmus, Ingwer und Zimt gut verkneten. Aus der Masse kleine Bällchen formen. Die Bällchen in den Kokosraspeln wälzen.
Pro Stück: 67 kcal,1 g F,1 g E, 14 g KH, 0 mg Chol

Für ca. 25 Stück

- 500 g getrocknete Datteln, entkernt
- 2 Vanilleschoten
- 3 EL Kirschensirup
- 1 1/2 EL Mandelmus
- 1/4 TL getrockneter Ingwer, fein gerieben
- 1/2 TL Zimt
- 2 EL ungesüßte Kokosraspel

Aprikosen-Cranberry-Sesam-Pralinen

Aprikosen und Cranberrys durch die feine Scheibe des Fleischwolfs drehen bzw. mehrmals sehr fein hacken und zerdrücken. Die Fruchtpaste, das Sesammus und den Preiselbeersirup gut verkneten. Aus der Masse 25 kleine Bällchen formen. Die Aprikosen-Cranberry-Pralinen im Sesam wälzen.
Pro Portion: 47 kcal, 1 g F, 1 g E, 8 g KH, 0 mg Chol

Für ca. 25 Stück

- 250 g getrocknete Aprikosen (Marillen), Stücke
- 150 g getrocknete Cranberrys
- 1 EL Sesammus (Tahini)
- 2-3 EL Preiselbeersirup
- 2 EL geröstete Sesamkörner

Zwetschken-Maultaschen

Kartoffeln in der Schale weich dämpfen, abziehen. Heiß durch die Kartoffelpresse drücken und mit Kartoffelstärke, Zimt, Muskat und Salz zu einem glatten Teig vermischen. Teig zugedeckt etwas ruhen lassen.

Backofen auf 180 °C Ober- und Unterhitze (160 °C Heißluft, Gas Stufe 3-4) vorheizen.

Aus dem Teig eine Rolle (ca. 7 cm Durchmesser) formen. Die Rolle in 16 Scheiben schneiden und diese mit der Hand etwas flach drücken (ca. 0,5 cm dick). Auf 8 Teigplatten jeweils eine Zwetschke setzen, jeweils mit einer Teigplatte bedecken und die Ränder zusammendrücken.

2 EL Öl in eine flache, ofenfeste Form (am besten beschichtet) geben. Das Öl auf dem Herd erhitzen. Die Maultaschen nebeneinander in die Form setzen, mit dem restlichen Öl bestreichen und im vorgeheizten Ofen ca. 40 Minuten backen.
Pro Portion: 257 kcal, 8 g F, 5 g E, 41 g KH, 0 mg Chol

Fruchtige Maultaschen zu jeder Jahreszeit

In der warmen Jahreszeit werden die Kartoffel-Maultaschen mit Kirschen, Aprikosenhälften und Pfirsichstücken gefüllt, im Winter mit Apfel-, Ananas- und Birnenstückchen.

Dazu schmecken Fruchtsoßen

Reichen Sie zu den Maultaschen auch Apfelmus (S. 129), das Trockenfrüchtekompott (S. 124) oder eine Soße aus pürierten Beeren. Gut schmecken auch die Aprikosencreme (S. 112) und die Pflaumensoße (S. 119) dazu.

Für 4 Portionen

Teig
- 1 kg mehlige Kartoffeln
- 2-3 EL Kartoffelstärke
- 1/2 TL Zimt
- Muskat
- Salz
- 3 EL Öl

Füllung
- 8 Zwetschken, entsteint

Aromatisches Apfelmus

Für 4 Portionen

- 1 Vanilleschote
- 800 g saftige Äpfel, geschält, Stücke
- 100 ml Wasser
- 2 Zimtstangen
- Zerstoßene Samen aus 6 Kardamomkapseln
- 1 großes Stück Bio-Zitronenschale
- Saft von 2 Orangen

Vanilleschote längs aufschneiden. Das Mark herauskratzen.

Äpfel mit Wasser, Vanillemark, ausgekratzter Vanilleschote, Zimt, Kardamom und Zitronenschale in einen kleinen beschichteten Topf geben. Äpfel zugedeckt bei milder Hitze ca. 8 Minuten köcheln, dabei ab und zu umrühren. Die Äpfel sollen weich sein, dürfen aber nicht zerfallen. Äpfel und Orangensaft mit dem Mixstab pürieren. Dazu passen Kartoffelpuffer (siehe unten).

Bewährt und jetzt noch besser

Auch beim einfachsten Rezept gibt es noch eine Verbesserung: Das Apfelmus wird mit Zimt, Kardamom und Vanille aromatisiert und durch frisch gepressten Orangensaft appetitlich gelb.

Pro Portion: 121 kcal, 1 g F, 1 g E, 26 g KH, 0 mg Chol

Kartoffelpuffer

Für 2 Portionen

- 400 g mehlige Kartoffeln
- 1 TL Kartoffelstärke
- Salz
- 1 EL Öl

Kartoffeln schälen, grob reiben und gut ausdrücken. Kartoffeln mit Kartoffelstärke und wenig Salz vermischen. Das Öl in einer großen beschichteten Pfanne erhitzen.

4 Kartoffelhäufchen in die Pfanne setzen, diese ziemlich flach drücken. Die Kartoffelpuffer auf beiden Seiten knusprig braun braten.

Pro Portion: 202 kcal, 5 g F, 5 g E, 33 g KH, 0 mg Chol

Süße Hauptgerichte

Beim kulinarischen Basenfasten muss auch auf warme, süße Hauptgerichte nicht verzichtet werden. Die Kombination von saftiger Frucht und mehligen Kartoffeln kennen Köchinnen in Süddeutschland und Österreich seit Generationen und mittlerweile wissen wir, dass diese nicht nur prima schmeckt, sondern auch eine Wohltat für den Säure-Basen-Haushalt ist.

Barmherzige Brüder – Im Dienst des Nächsten

Johannes von Gott (1495-1550), Ordensstifter der Barmherzigen Brüder

Der Orden der Barmherzigen Brüder beruht auf dem Grundsatz der Hospitalität (christliche Gastfreundschaft) und geht auf den heiligen Johannes von Gott (1495-1550) zurück. Er ist Patron der Kranken, der Krankenpfleger und Wegbereiter des modernen Krankenhauswesens.

Nach jahrzehntelanger Suche hörte er mit über 40 Jahren in Granada eine Predigt des Johannes von Avila, die ihn tief bewegte. Er verschenkte sein Hab und Gut und wurde als vermeintlich „Verrückter" in das Königliche Hospital in Granada gebracht, in dem Kranke lieblos und menschenunwürdig behandelt wurden. Daraufhin gründete er ein eigenes Hospital und kümmerte sich fortan um Kranke, aber auch um Bettler, Aussätzige und Behinderte.

Er trennte als Erster Patienten nach Krankheit und Geschlecht, gab allen ein eigenes Bett und sah den Menschen in seiner Ganzheitlichkeit. Weiters begann er mit der schriftlichen Dokumentation der Krankengeschichten und wurde so zum Wegbereiter des modernen Krankenhauswesens.

Heute arbeiten in Österreich fast 6.000 Mitarbeiter/innen gemeinsam mit den Brüdern daran, ihren Leitspruch „Gutes tun und es gut tun!" in die Tat umzusetzen. Weltweit betreuen in über 50 Staaten und 300 Einrichtungen rund 1.200 Brüder gemeinsam mit etwa 53.000 haupt- und 7.000 ehrenamtlichen Mitarbeiter/innen pro Jahr ca. 20 Millionen Menschen.
Die Barmherzigen Brüder versuchen, ohne Ansehen der Herkunft, Nation, Religion, des Geschlechtes oder des sozialen Standes auf Basis der christlichen Nächstenliebe allen Menschen Hilfe zu gewähren. Sie pflegen und betreuen Kranke, alte Menschen und fördern Menschen mit Behinderung, begleiten Sterbende, suchen mit Drogenkranken Auswege, bieten Obdachlosen Hilfe an oder setzen sich für die Verbesserung der Lebensbedingungen von Kindern ein.

Einrichtungen in Österreich

Spitäler in Eisenstadt, Graz, Graz-Eggenberg, Klagenfurt (Kooperation), Linz, Salzburg, St. Veit/Glan, Wien
Altenwohn- und Pflegeheime in Kritzendorf und Linz
Einrichtungen für Menschen mit Behinderungen in Kainbach bei Graz, Pinsdorf (bei Freistadt) und Schenkenfelden (bei Gmunden)
Kurhaus in Schärding
Pflegeakademie in Wien
Therapiestation für Drogenkranke in Kainbach bei Graz
Zahlreiche Kooperationen: Spitalspartnerschaft Barmherzige Brüder und Barmherzige Schwestern in Linz, Dialysezentrum Wien-Donaustadt, Laborverbund Graz, Laborverbund Barmherzige Schwestern – Barmherzige Brüder etc.

Gesundheit für Körper, Geist und Seele …

… das ist das Ziel, das wir uns für einen erfolgreichen Kuraufenthalt unserer Gäste setzen – daran orientiert sich unser gesamtes Handeln. Bei uns geht es um mehr als ein erholsames Wochenende; wir setzen auf „Wellness mit Tiefgang".

Momente der Einkehr, der Ruhe und Stille begleiten den Kuraufenthalt unserer Gäste und geben ihnen jene Kraft und Ausgeglichenheit, die notwendig ist, um den Anforderungen des Alltags gerecht zu werden.

Unser Kneippkurhaus zählt zu den ältesten Österreichs. Seit 1931 orientieren wir uns streng an den Lehren Sebastian Kneipps. Noch heute bieten wir als eines der letzten Zentren das „Original-Kneippen" an. Sebastian Kneipps These vom Zusammenspiel von Körper und Geist wird bei uns unverfälscht angewendet, heilende und vorbeugende Medizin reichen sich die Hände.

In den letzten Jahren haben wir unsere Therapiemöglichkeiten durch weitere Angebote ergänzt. Neben vielfältigen Kneipp-Anwendungen, Venen- und Wirbelsäulenprogrammen sowie Physiotherapie werden auch Behandlungen nach der traditionellen chinesischen Medizin (TCM) und Ayurveda-Anwendungen angeboten – eine in Österreich einzigartige Kombination.

Seit 2009 bieten wir in unserem Kurhaus auch das Basenfasen, als milde und entsäuernde Form des Fastens, an.

Blick auf das Kurhaus und die Barockstadt Schärding

Neben der individuell abgestimmten Therapie ist der Schlüssel zu einem erfolgreichen Kuraufenthalt das „Rundum"-Wohlgefühl. Daher legen wir besonderen Wert auf die Atmosphäre des Hauses und unseren großzügig angelegten Kurpark.

Kneipp- und Gesundheitszentrum der Barmherzigen Brüder

Kurhausstraße 6 | A-4780 Schärding/Inn
Tel +43 (0)7712/3221 Fax DW 400
kurhaus@bbschaerd.at
www.kurhaus-schaerding.at

KURHAUS SCHÄRDING
BARMHERZIGE BRÜDER

Elisabeth Fischer im Kneipp-Verlag

Elisabeth Fischer
Die schlanke Küche
So gut schmeckt das Wunschgewicht
192 Seiten, farbig, Hardcover
ISBN 978-3-7088-0483-5
EUR 19,95

Das Kochbuch nach der Methode „Schlank ohne Diät" eignet sich hervorragend als Fortsetzung nach dem Basenfasten. Elisabeth Fischer macht das Schlankwerden mit ihren 200 erprobten und ausgewogenen Rezepten schmackhaft und liefert dazu das Know-how für den leichten, gesunden Genuss, ganz nach dem Motto: Schlemmen ja, Dickwerden niemals wieder!

Elisabeth Fischer
Schlank backen
Kuchen, Torten, Kekse, Muffins
120 Seiten, farbig, Hardcover
ISBN 978-3-7088-0538-2
EUR 17,99

Diese Kekse, Kuchen und Torten schmecken sündhaft gut und haben trotzdem wenig Kalorien – mit den erprobten Rezepten von Elisabeth Fischer müssen sich Naschkatzen nicht länger zwischen Genuss und Wunschgewicht entscheiden. Mit natürlichen Zutaten und wenig Zucker entsteht das köstlichste Backwerk, das mit vielen Vitalstoffen auch noch die Gesundheit fördert.

Elisabeth Fischer, Prof. Irene Kührer
Soja
Der leichte Genuss
192 Seiten, farbig, Hardcover
ISBN 978-3-7088-0041-5
EUR 19,90

Das große Kochbuch über die kleine Bohne! Schlemmen und schlank bleiben. Wunderbar speisen und damit die Schönheit von innen heraus pflegen. Die kleine Bohne hat wahrlich eine große Wirkung. Das Buch beschreibt die Vielzahl der Sojaprodukte und wie sich diese zu leckeren Rezepten verarbeiten lassen.

www.kneippverlag.com